Windows XP

ANA MARTOS RUBIO

Responsable editorial:
Víctor Manuel Ruiz Calderón
Susana Krahe Pérez-Rubín

Diseño de cubierta:
Cecilia Poza Melero

Ilustracion de Cubierta:
© Imagesource/Quick-image

Primera edición, noviembre 2006
Primera reimpresión, enero 2007
Segunda reimpresión, junio 2007
Tercera reimpresión, enero 2009

Edición española:

© EDICIONES ANAYA MULTIMEDIA
(GRUPO ANAYA, S.A.), 2009
Juan Ignacio Luca de Tena, 15.
28027, Madrid
Depósito legal: M.1.417-2009
ISBN: 978-84-415-2102-5
Printed in Spain
Imprime: Gráficas Muriel, S.A

Índice

I

Introducción

En este libro encontrará lo necesario para obtener el mayor rendimiento de su ordenador, a través del manejo de su sistema operativo, Windows XP.

Antes de que Windows saliera al mercado, los ordenadores eran más difíciles de manejar y sus recursos parecían diseñados exclusivamente para técnicos o iniciados.

Sin embargo, Windows consiguió, ya desde el principio, acercar la informática al usuario y poner a su disposición los recursos más sofisticados sin necesidad de aprender las complejidades de la técnica.

Windows ha ido evolucionando desde su primera versión y cada vez nos ofrece mayores facilidades y mayor capacidad para realizar tareas, tanto sencillas como complicadas.

Su éxito radica en que ha sabido convertir las complejas instrucciones informáticas en sencillos clics de ratón.

1

PRIMEROS PASOS CON WINDOWS XP

Windows XP es un sistema operativo muy potente y versátil que hace funcionar todos los recursos del ordenador. Su nombre significa "ventanas", precisamente porque la filosofía de este programa se basa en el trabajo con ventanas. Las ventanas se manejan con el ratón.

CONCEPTOS BÁSICOS: SELECCIONAR, ACEPTAR Y CANCELAR

En Windows, cada clic del ratón es una instrucción dada al sistema operativo para que realice una tarea. Las más fundamentales son seleccionar, aceptar y cancelar.

Seleccionar es apuntar

Seleccionar significa apuntar con el ratón a un archivo, documento u objeto. Una vez que el objeto esté seleccionado, la próxima acción que ordenemos a Windows la aplicará a ese objeto.

Al seleccionar, por ejemplo, una imagen, Windows apunta hacia ella. Si después se le ordena borrar, será esa imagen la que borre. Si se le ordena copiar, la copiará.

PRÁCTICA:

Pruebe a seleccionar un icono del Escritorio, por ejemplo, **Mi PC**. Solamente tiene que hacer clic en él. Cuando un icono, imagen u otro objeto está seleccionado, aparece de un color más oscuro. En la figura 1.1 puede ver que el icono de **Mi PC** está seleccionado.

Figura 1.1. El icono seleccionado aparece de color más oscuro que los demás.

Se puede seleccionar más de un objeto a la vez, para aplicarles una misma acción.

- Para seleccionar varios objetos contiguos, hay que hacer clic en el primero, pulsar la tecla **Mayús** y, sin dejar de presionarla, hacer clic en el último.

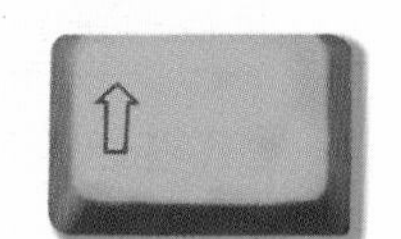

- Para seleccionar varios objetos no contiguos, hay que mantener pulsada la tecla **Control** y hacer clic en cada uno de ellos sucesivamente.

PRÁCTICA:

Pruebe a seleccionar varios iconos del Escritorio.

1. Pulse la tecla **Control**.
2. Manténgala presionada y vaya haciendo clic en iconos salteados. Puede comprobar que están seleccionados porque cambiarán todos de color.

Figura 1.2. Hay varios iconos no contiguos seleccionados.

Eliminar una selección

Para dejar de seleccionar uno o varios objetos, basta con hacer clic en cualquier lugar en el que no haya elementos ni objetos.

PRÁCTICA:

Pruebe ahora a quitar la selección de los iconos, simplemente haciendo clic en el Escritorio, en un lugar en el que no haya iconos ni objetos.

PRÁCTICA:

Pruebe a seleccionar todos los iconos del Escritorio.

1. Haga clic en el primero.
2. Pulse la tecla **Mayús**.
3. Haga clic en el último, sin dejar de pulsar la tecla **Mayús**.
4. Si quedan iconos sin seleccionar, continúe oprimiéndola y haga clic en el último icono sin seleccionar.

Figura 1.3. Todos los iconos del Escritorio están seleccionados.

Aceptar es consentir

Aceptar significa dar consentimiento a una acción del programa. Los programas están preparados para pedir al usuario su consentimiento antes de realizar una acción comprometida.

Hay dos formas de aceptar una acción de Windows (o de otro programa):

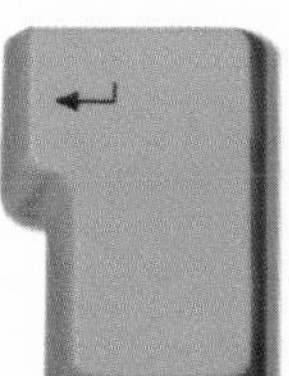

- Hacer clic en el botón **Aceptar** del cuadro de diálogo en el que pide confirmación.
- Pulsar la tecla **Intro** del teclado.

Cancelar es denegar

Cancelar es la acción opuesta a aceptar. Con ella, se deniega al programa el consentimiento para realizar la acción. Hay dos maneras de cancelar una acción:

- Hacer clic en el botón **Cancelar** del cuadro de diálogo en el que pide consentimiento.
- Pulsar la tecla **Esc** (escape) del teclado.

NOTA: A veces, en lugar de **Aceptar** y **Cancelar**, los botones se llaman simplemente **Sí** y **No**.

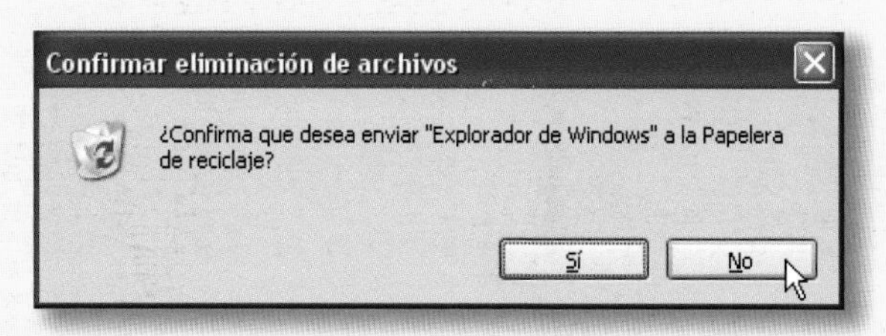

Figura 1.4. Según el objeto seleccionado, el cuadro puede ofrecer los botones Sí y No.

PRÁCTICA:

1. Seleccione un icono del Escritorio.
2. Pulse la tecla **Supr** (suprimir) del teclado. Con ello, está dando a Windows la orden de eliminar el icono seleccionado.

3. Windows presentará un cuadro de diálogo solicitando autorización para eliminar el icono. Observe que el cuadro ofrece dos botones:
   a. **Eliminar acceso directo.** Para confirmar que desea eliminar el icono seleccionado.
   b. **Cancelar.** Para anular la orden de borrar el icono.
4. Haga clic en **Cancelar**. Si los botones son **Sí** y **No**, haga clic en **No**.

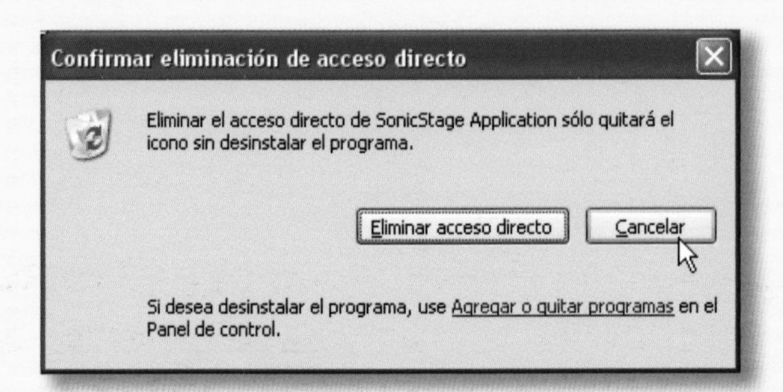

Figura 1.5. El cuadro de diálogo de Windows ofrece las opciones de Aceptar o Cancelar.

NOTA: Eliminar un icono no supone eliminar el programa que representa, sino solamente el acceso directo a ese programa. Si se borra por accidente, se puede crear de nuevo fácilmente.

LAS VENTANAS DE WINDOWS XP

Windows trabaja siempre con ventanas. Todos los documentos, archivos y programas aparecen en la pantalla dentro del marco de una ventana. Se manejan con clics de ratón.

Abrir

Para abrir una ventana, hay que hacer doble clic en el icono que representa al programa o hacer clic en el nombre del programa, en el menú Inicio.

PRÁCTICA:

Para abrir la ventana de Mi PC, haga doble clic en el icono **Mi PC** del Escritorio.

Minimizar

Minimizar consiste en convertir la ventana en un botón que se sitúa en la parte inferior de la pantalla. Con ello, la ventana no se cierra, sino que se oculta momentáneamente.

PRÁCTICA:

Para minimizar la ventana de Mi PC, haga clic en el botón **Minimizar**. Tiene el signo menos y es el primero de los tres botones situados en la esquina superior derecha de la ventana.

1. Observe que la ventana se convierte en un botón situado en la parte inferior de la pantalla y muestra el nombre de **Mi PC**.

Figura 1.6. La ventana de Mi PC es ahora un botón. Está minimizada.

Restaurar

Restaurar es abrir de nuevo una ventana minimizada.

PRÁCTICA:

Para restaurar la ventana de Mi PC, haga clic en el botón **Mi PC**, situado en la parte inferior de la pantalla. La ventana volverá a su tamaño y posición anteriores.

Figura 1.7. La ventana de Mi PC a tamaño normal. Permite ver el Escritorio.

Maximizar

Maximizar consiste en abrir la ventana en toda su amplitud. Cuando se abre una ventana, suele quedar de manera que permita ver parte del Escritorio o bien otras ventanas abiertas. Al maximizarla, ocupa toda la pantalla.

PRÁCTICA:

Para maximizar la ventana de Mi PC, haga clic en el botón **Maximizar/Restaurar**. Muestra dos pequeños cuadros, uno sobre otro, y el botón central de los tres botones de la esquina superior derecha de la ventana.

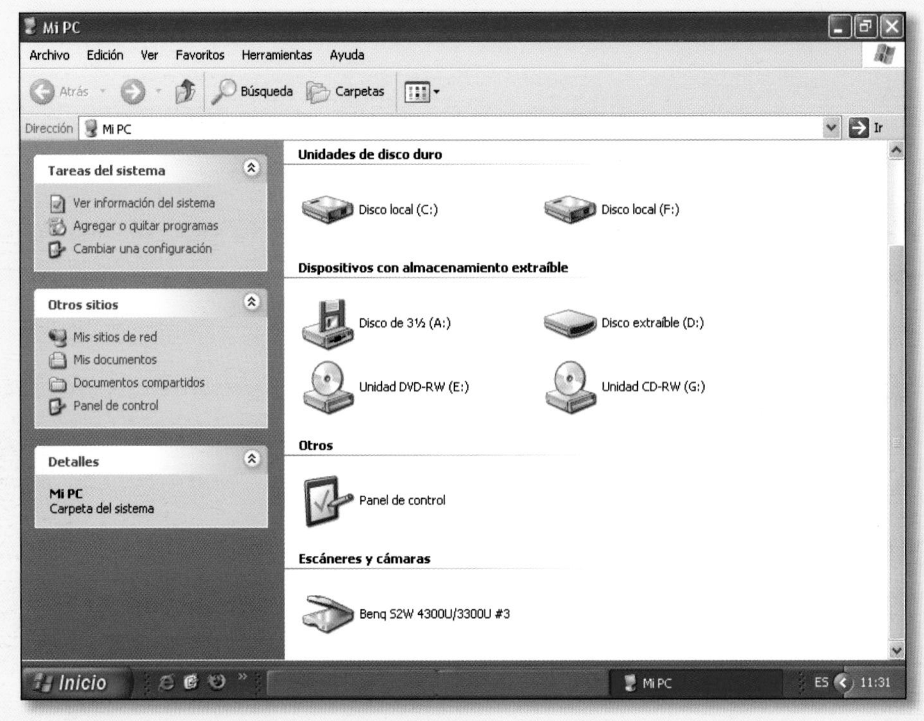

Figura 1.8. La ventana de Mi PC maximizada ocupa toda la pantalla.

Cerrar

PRÁCTICA:

Para cerrar la ventana de Mi PC, haga clic en el botón **Cerrar**. Es de color rojo y muestra un aspa. Es el último de los tres botones de la esquina superior derecha de la ventana.

Mover

Una ventana se puede desplazar en la pantalla, siempre que no esté minimizada ni maximizada, es decir, que tenga el tamaño intermedio que permite ver el Escritorio.

PRÁCTICA:

Pruebe ahora a abrir la ventana del Explorador de Windows y, después, a desplazarla.

1. Haga clic en el botón **Inicio** y después, sucesivamente, en Todos los programas>Accesorios>Explorador de Windows.

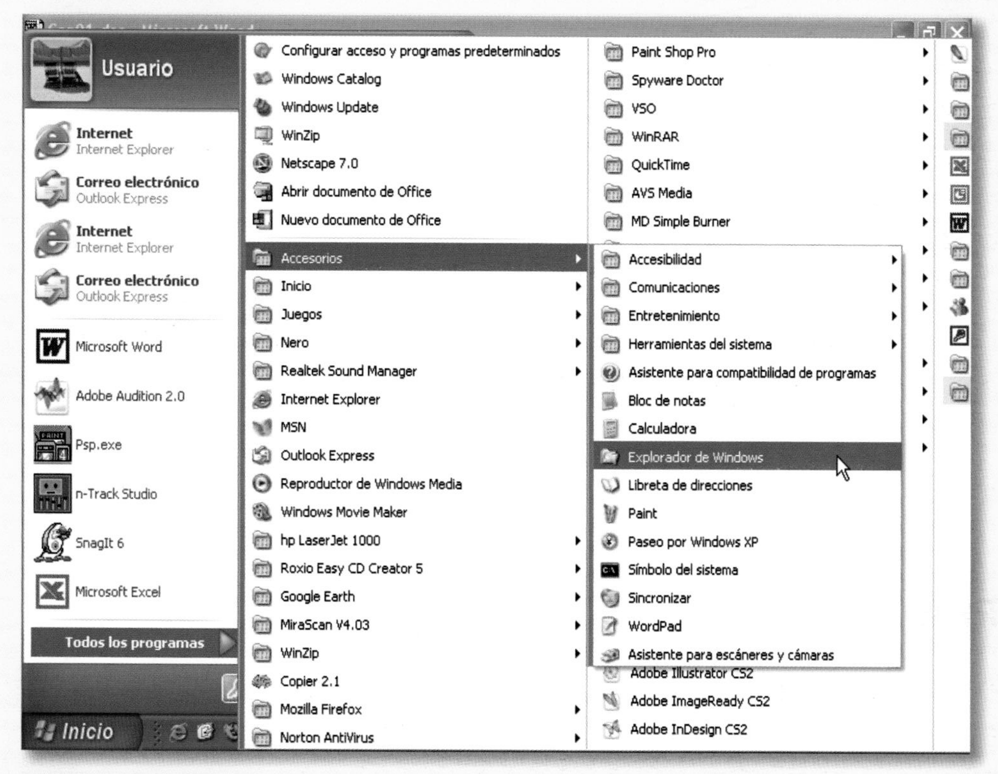

Figura 1.9. El Explorador de Windows se encuentra en el menú Accesorios.

2. Haga clic en la barra de título de la ventana. Es la barra azul situada a todo lo largo de la parte superior, donde aparece el nombre.
3. Sin soltar el botón izquierdo del ratón, arrastre la ventana por el Escritorio.
4. La ventana quedará fija en el lugar en que usted suelte el botón del ratón.

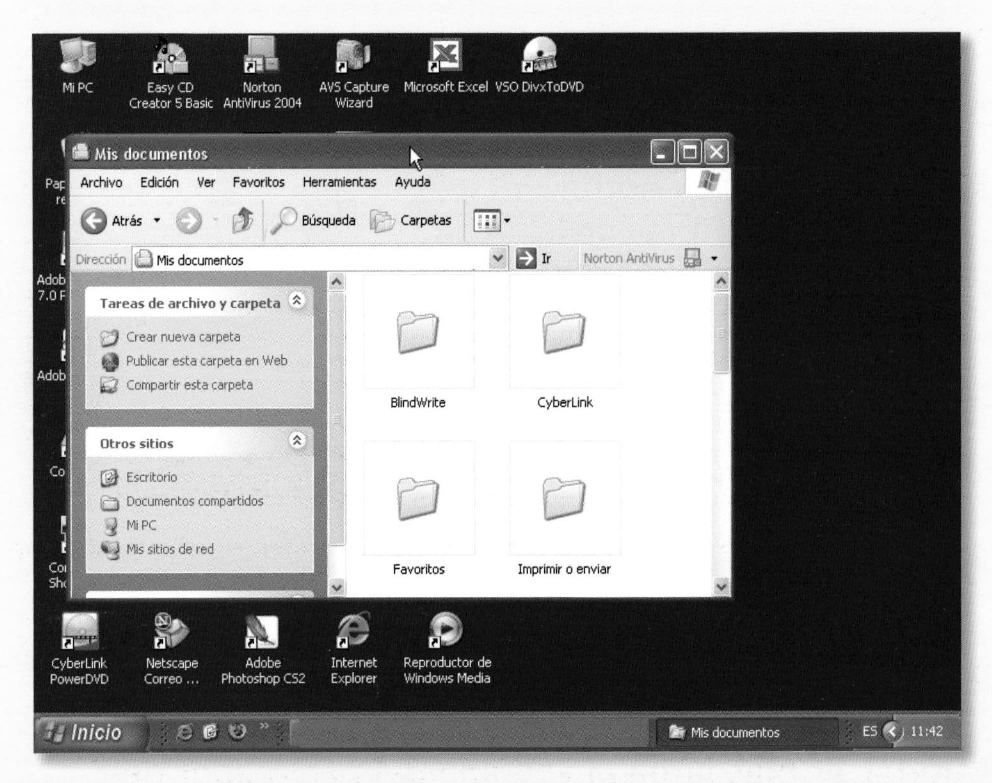

Figura 1.10. La ventana del Explorador de Windows se ha desplazado otro lugar.

Cambiar el tamaño

Las ventanas se pueden cambiar de tamaño. Al aproximar el puntero del ratón a uno de los laterales, sin hacer clic, se convierte en una flecha de dos puntas

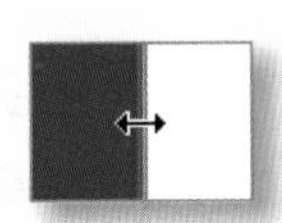

con la que se puede estirar hacia dentro o hacia fuera, para reducirla o ampliarla. Puede verlo en la figura 1.11.

Figura 1.11. Las ventanas se pueden estirar y encoger con el ratón.

PRÁCTICA:

Para hacer más larga la ventana del Explorador de Windows, haga lo siguiente:

1. Acerque el puntero del ratón a la parte superior de la barra de titulo y, sin hacer clic, déjelo un instante.
2. Cuando se convierta en una flecha de dos puntas, haga clic y arrastre suavemente hacia arriba.
3. La ventana se estirará. Cuando alcance el tamaño deseado, suelte el botón del ratón.

PRÁCTICA:

Pruebe ahora a encogerla de nuevo.

1. Acerque el puntero del ratón a la parte superior de la barra de título y, cuando se convierta en una flecha de dos puntas, haga clic y arrastre suavemente hacia abajo.
3. La ventana se encogerá. Cuando alcance el tamaño deseado, suelte el botón del ratón.
4. Pruebe ahora a ensancharla, estirando el lateral izquierdo. Después podrá encogerla de nuevo, tirando del mismo lateral hacia dentro.

Organizar

Si hay más de una ventana abierta, se pueden organizar para verlas todas a la vez.

PRÁCTICA:

Pruebe a abrir dos ventanas.

1. Haga doble clic en el icono **Mi PC** del Escritorio.
2. Haga clic sucesivamente en Inicio>Todos los programas> Accesorios>Explorador de Windows.
3. Ahora que las dos ventanas están abiertas, pruebe a mover una de ellas, haciendo clic en la barra de título, de forma que deje ver la otra.
4. Pruebe ahora a seleccionar la otra ventana, haciendo clic en la barra de título. Si la barra de título no está

visible, haga clic en un lateral cualquiera. Con eso, la ventana pasará a primer plano.

5. Ahora puede trabajar con una u otra, seleccionando previamente una de ellas.

La barra de tareas de Windows

Cuando hay más de una ventana en la pantalla, se pueden manejar utilizando el menú emergente de la barra de tareas de Windows. Es la barra azul situada a todo lo largo de la parte inferior de la pantalla. En el extremo izquierdo está el botón **Inicio** y, en el derecho, el reloj.

Figura 1.12. La barra de tareas de Windows XP se halla en la parte inferior de la pantalla.

PRÁCTICA:

Observe que las ventanas aparecen como botones en la barra de tareas.

1. Haga clic, esta vez con el botón derecho del ratón, en una zona de la barra de tareas en la que no haya botones ni objetos (véase la figura 1.13).
2. Haga clic (con el botón izquierdo) en la opción Mosaico horizontal. Ambas ventanas se situarán una encima de otra (véase la figura 1.14). Si elige Mosaico vertical, se situarán una junto a la otra.
3. Para dejar las ventanas como estaban, haga clic de nuevo con el botón derecho en la barra de tareas y seleccione la opción Deshacer En mosaico.

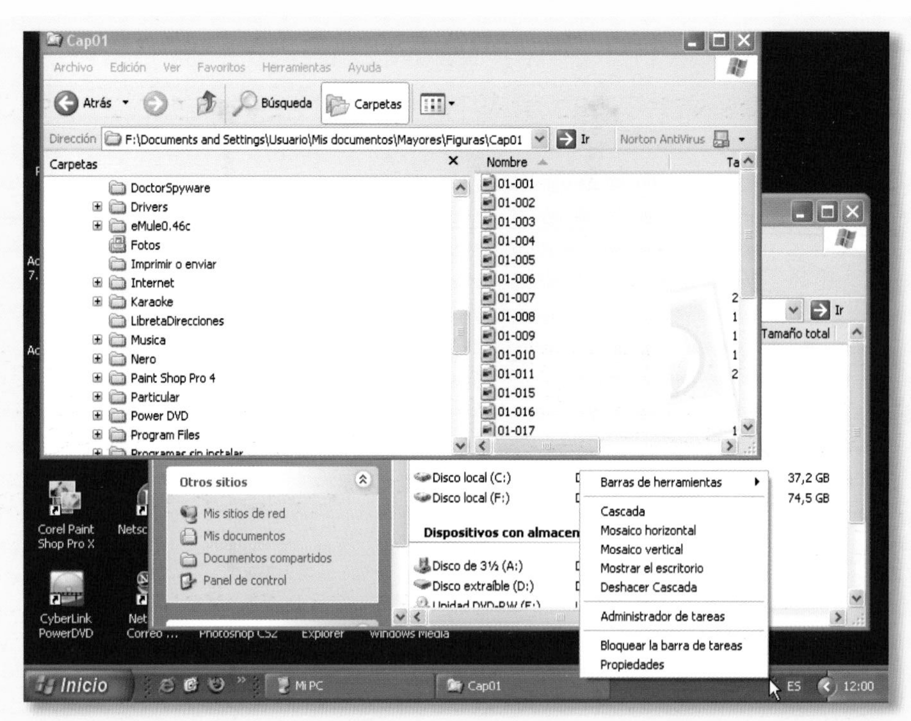

Figura 1.13. El menú emergente de la barra de tareas.

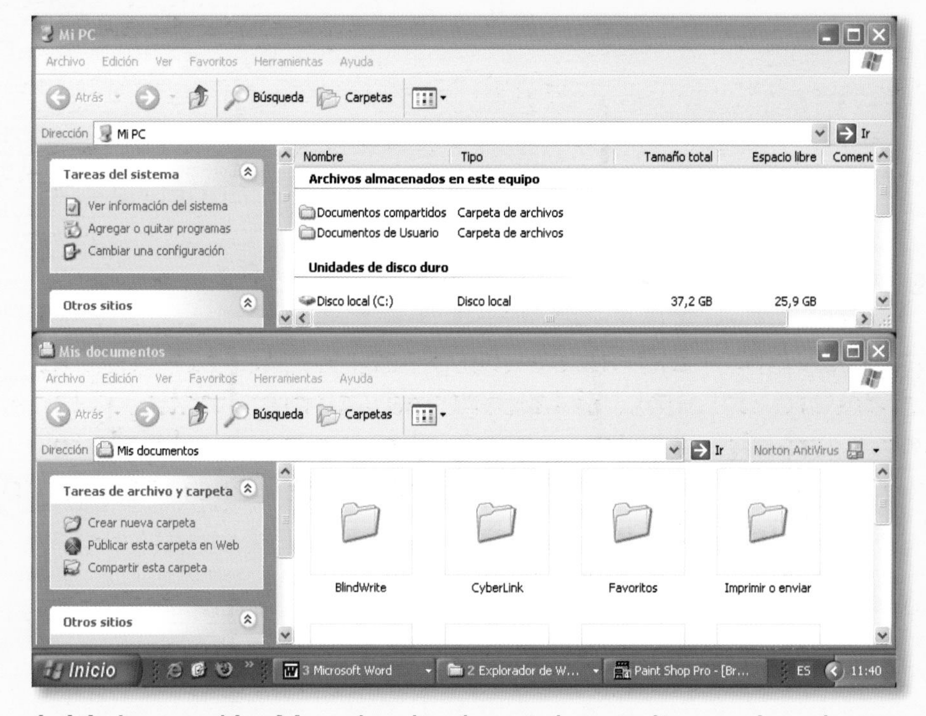

Figura 1.14. La opción Mosaico horizontal permite ver las dos ventanas.

Otro método para cerrar una ventana

Cuando hay varias ventanas abiertas, se pueden cerrar desde la barra de tareas.

PRÁCTICA:

1. Localice en la barra de tareas el botón de la ventana que quiera cerrar. Por ejemplo, si están abiertas Mi PC y el Explorador de Windows, pruebe a cerrar **Mi PC**.
2. Haga clic con el botón derecho del ratón en el botón **Mi PC**, en la barra de tareas.
3. En el menú emergente, haga clic (con el botón izquierdo) en la opción Cerrar.

Figura 1.15. El menú emergente del botón de la ventana.

Las barras de desplazamiento

Las ventanas tienen barras de desplazamiento que facilitan el moverse dentro de ellas. Si la ventana es muy ancha, puede tener una barra de desplazamiento horizontal en la parte inferior. Si es muy alta, tendrá una barra de desplazamiento vertical en el lateral derecho.

PRÁCTICA:

Pruebe a desplazarse dentro de la ventana de Mi PC.

1. Haga doble clic en el icono **Mi PC** para abrir la ventana.
2. Observe la barra de desplazamiento vertical. En cada extremo hay un botón con una flecha que apunta arriba y abajo. La ventana de Mi PC tiene dos de estas barras, una a la derecha y otra que separa las dos zonas de la ventana.

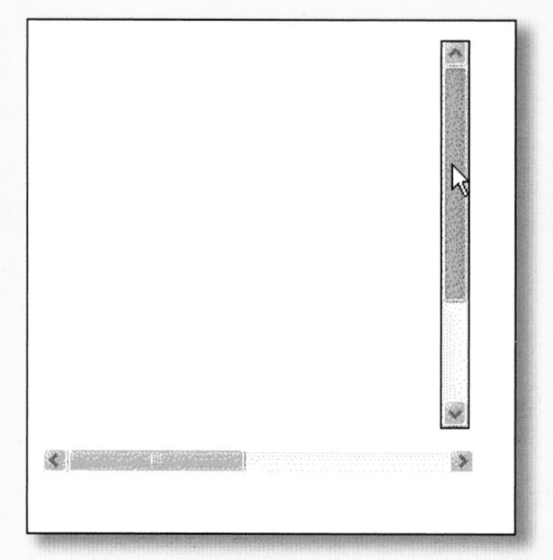

Figura 1.16. Las barras de desplazamiento de la ventana.

Las barras de desplazamiento verticales

PRÁCTICA:

1. Pruebe a hacer clic en el pequeño botón con la flecha abajo de cualquiera de las dos barras verticales, para desplazarse hacia abajo.
2. Pruebe ahora a hacer clic en el botón con la flecha arriba para ascender.

El botón de desplazamiento

El botón de desplazamiento es un botón azul, más o menos largo, según el espacio disponible, que se halla en medio de la barra de desplazamiento.

PRÁCTICA:

Ahora pruebe a hacer clic en el botón de desplazamiento que se extiende entre ambos botones de flecha. Sin soltar el ratón, muévalo arriba y abajo y observe cómo se desplaza con él en la ventana.

La barra de desplazamiento horizontal

PRÁCTICA:

Observe la figura 1.17. El puntero de ratón señala el botón de desplazamiento de la barra horizontal, situada en la parte inferior de la ventana.

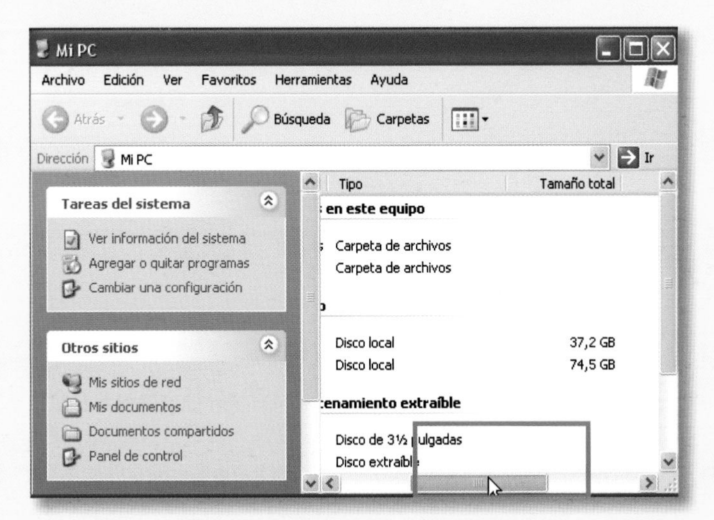

Figura 1.17. La barra de desplazamiento horizontal tiene también su botón de desplazamiento.

1. Haga clic en el botón de desplazamiento horizontal y compruebe cómo la ventana se desplaza a derecha o izquierda.

LOS MENÚS

Todos los programas que funcionan con Windows XP ofrecen uno o varios menús. Un menú es una lista de opciones entre las cuales podemos elegir una.

Algunas opciones de menú dan paso a submenús con nuevas listas de opciones. Hemos utilizado los menús Inicio y Todos los programas y el submenú Accesorios, para abrir el Explorador de Windows. Se pueden ver en la figura 1.9.

Menús emergentes

Además de los menús de opciones de las ventanas, se puede acceder a menús emergentes que se despliegan al hacer clic con el botón derecho del ratón en un elemento o icono.

Hemos utilizado menús emergentes para organizar y cerrar ventanas. Utilizaremos otro en el siguiente epígrafe para crear un icono en el Escritorio.

LOS ICONOS Y SU SIGNIFICADO

Los iconos son pequeños dibujos que representan un programa, un documento, un archivo o una unidad del ordenador. Su función es permitir acceso directo al programa, documento, archivo o unidad que representan. Al hacer doble clic en un icono del Escritorio, se accede directamente al programa, como hemos hecho para abrir **Mi PC**.

Creación de iconos

PRÁCTICA:

Pruebe a crear un icono para el Explorador de Windows.

1. Haga clic en Inicio>Todos los programas>Accesorios.
2. Localice el Explorador de Windows, pero no haga clic en él para que no se ponga en marcha.
3. Haga clic, esta vez con el botón derecho del ratón, en Explorador de Windows.
4. Cuando se despliegue el menú emergente, haga clic sucesivamente en la opción Enviar y, luego, Escritorio (crear acceso directo).

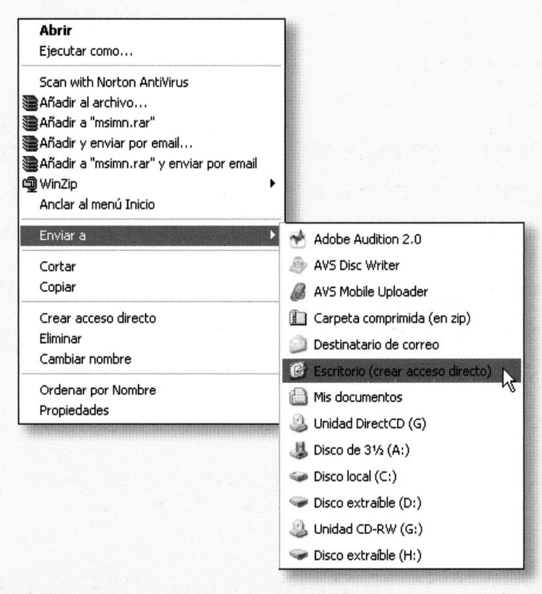

Figura 1.18. La opción Escritorio (crear acceso directo) crea un icono.

5. El nuevo icono aparecerá en el Escritorio. Ahora puede hacer doble clic en él para abrir el Explorador de Windows.

2

Personalizar Windows XP

Windows XP llega generalmente instalado en el disco duro, con una configuración estándar que se puede modificar para adecuarla a las necesidades y gustos del usuario.

EL RELOJ DEL SISTEMA: LA FECHA Y LA HORA

El ordenador tiene un reloj interno que presenta la hora en la parte inferior derecha de la pantalla. La fecha y la hora se pueden cambiar fácilmente.

PRÁCTICA:

1. Aproxime el puntero del ratón al reloj, sin hacer clic, y déjelo un instante para ver la información con la fecha.
2. Haga doble clic en el reloj para acceder al cuadro de diálogo Propiedades de Fecha y hora.

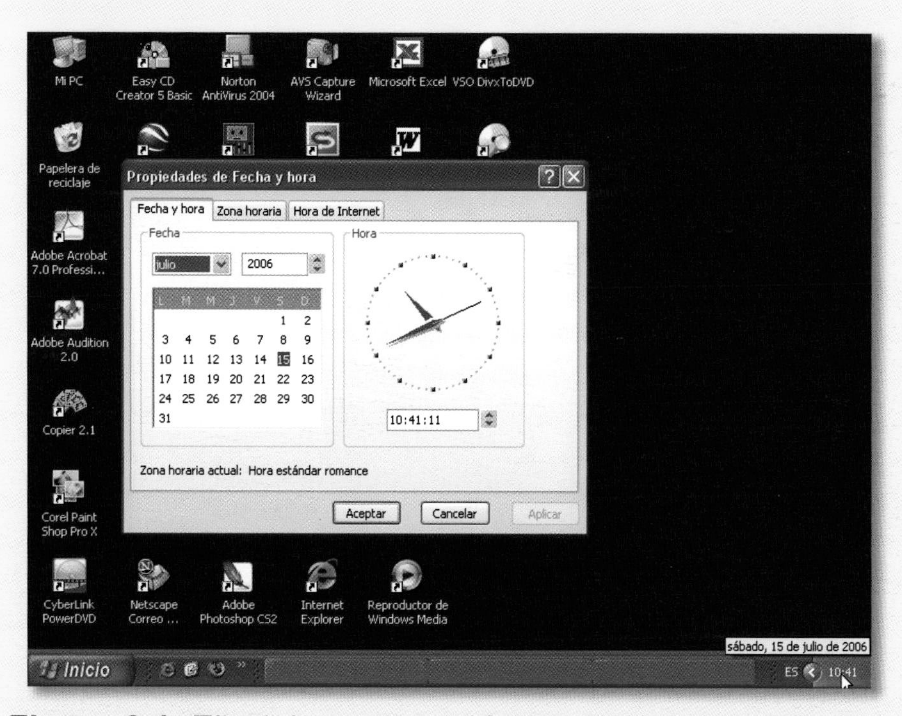

Figura 2.1. El reloj muestra la fecha al aproximar el ratón.

- Para cambiar el día, haga clic en otra fecha del calendario.
- Para cambiar la hora, haga clic en la flecha arriba (adelantar) o en la flecha abajo (atrasar) situadas junto a la hora digital que aparece debajo del reloj. Observe que también hay flechas para cambiar el mes o el año.

3. Haga clic en el botón **Aceptar**. Si no desea modificar, haga clic en **Cancelar**.

ADAPTACIÓN DE LA PANTALLA

El cuadro de diálogo Propiedades de Pantalla permite personalizar algunos aspectos.

La resolución

Las imágenes de la pantalla están formadas por puntos llamados píxeles, por lo que la resolución se expresa en píxeles por pulgada. La resolución habitual de la pantalla del ordenador es de 800x600 píxeles. Pero hay algunas páginas de Internet, algunos programas, vídeos o juegos que requieren una resolución superior. De lo contrario, no se pueden ver completos en la pantalla.

PRÁCTICA:

Para modificar la resolución de la pantalla, hay que hacer lo siguiente:

1. Haga clic con el botón derecho del ratón en cualquier lugar vacío del Escritorio.

2. En el menú emergente, haga clic en la opción Propiedades.

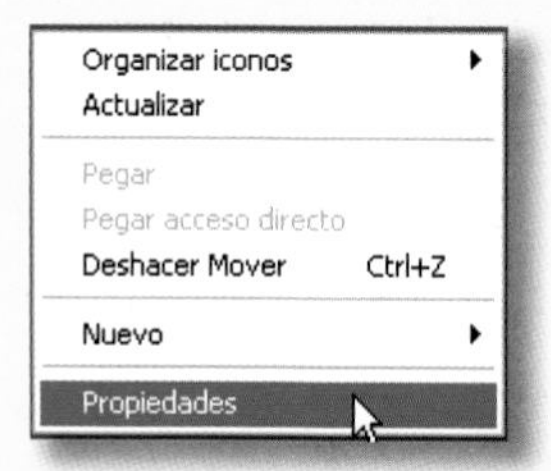

Figura 2.2. El menú emergente del Escritorio de Windows.

3. Se abrirá el cuadro Propiedades de Pantalla. Observe que tiene varias pestañas. Cada una de ellas da acceso a una ficha. Cada ficha contiene opciones para modificar aspectos de la pantalla.
4. Haga clic en la pestaña Configuración.

Figura 2.3. El cuadro de diálogo Propiedades de Pantalla tiene varias pestañas.

5. La figura 2.4 muestra la ficha Configuración. En la parte inferior izquierda hay una zona llamada Resolución de pantalla.

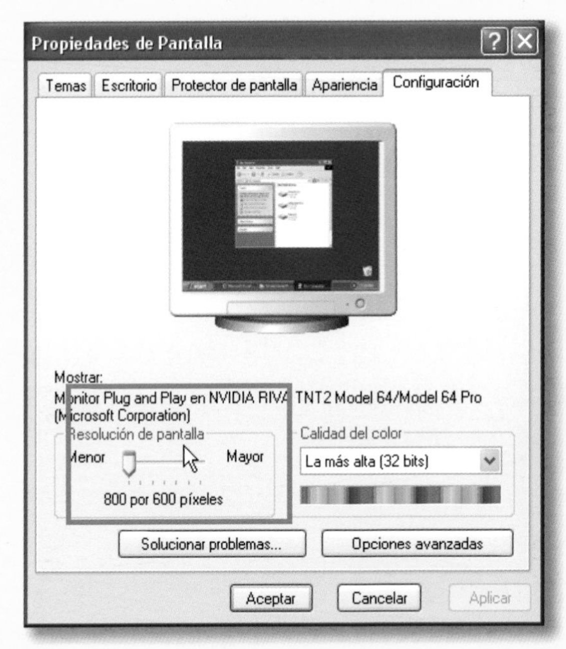

Figura 2.4. La ficha Configuración tiene una zona llamada Resolución de pantalla.

6. En la figura, la resolución señala 800x600 píxeles. Observe que sobre esa indicación hay un control deslizante. Pruebe a hacer clic en él con el ratón (botón izquierdo) y, sin dejar de apretar el botón, deslícelo muy despacio hacia la derecha.

7. Observe que, a medida que desplaza el control hacia la derecha, la resolución indicada debajo aumenta. El siguiente paso es 1024x768 píxeles.

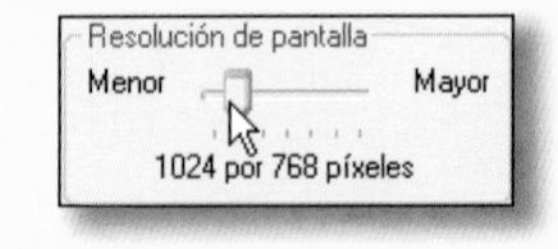

8. Para cambiar la resolución, deje el control deslizante en la posición de 1024x768 y haga clic en el botón **Aceptar**. Los objetos de la pantalla se ven más pequeños, pero caben más.

9. Para volver a la resolución anterior, haga de nuevo clic con el botón derecho y seleccione la opción Propiedades, la pestaña Configuración y vuelva el control deslizante a la posición anterior.
10. Haga clic en el botón **Aceptar** para finalizar el proceso.

El fondo

PRÁCTICA:

También se puede cambiar el fondo del Escritorio:

1. Vuelva a abrir el cuadro de diálogo Propiedades de Pantalla.
2. Haga clic en la pestaña Escritorio para acceder a la ficha del mismo nombre.

Figura 2.5. En la ficha Escritorio puede modificar el Escritorio de Windows.

3. Vea en la lista del centro las opciones existentes para el Fondo del Escritorio.
4. Para desplazarse arriba y abajo en la lista de opciones, haga clic en el pequeño botón azul de desplazamiento situado a la derecha de la lista y arrástrelo arriba o abajo, sin soltar el ratón. Puede verlo en la figura 2.5.
5. Haga clic en la primera de las opciones de la lista. Se llama Ninguno y deja el Escritorio sin fondo, de color azul intenso.
6 Haga clic en **Aplicar** para observar el resultado.
7. Haga clic en **Aceptar** para confirmar el cambio o en **Cancelar** para poner otro fondo de la lista.

PRÁCTICA:

Si tiene una fotografía digitalizada o imagen, puede ponerla como fondo.

1. En la ficha Escritorio del cuadro de diálogo Propiedades de Pantalla, haga clic en el botón **Examinar**.

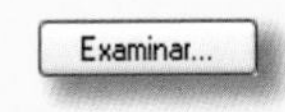

2. El cuadro de diálogo Examinar presentará la carpeta Mis imágenes.
   - Si la fotografía se encuentra en esa carpeta, haga clic en ella.
   - De lo contrario, haga clic en la flecha abajo junto a la casilla Buscar en, para desplegar la lista.
3. Haga clic en la unidad de disco en la que se encuentra la imagen.

4. Haga doble clic en la carpeta en la que se encuentra la imagen.
5. Haga doble clic en la imagen. Aparecerá en la pantalla de vista previa del cuadro de diálogo.

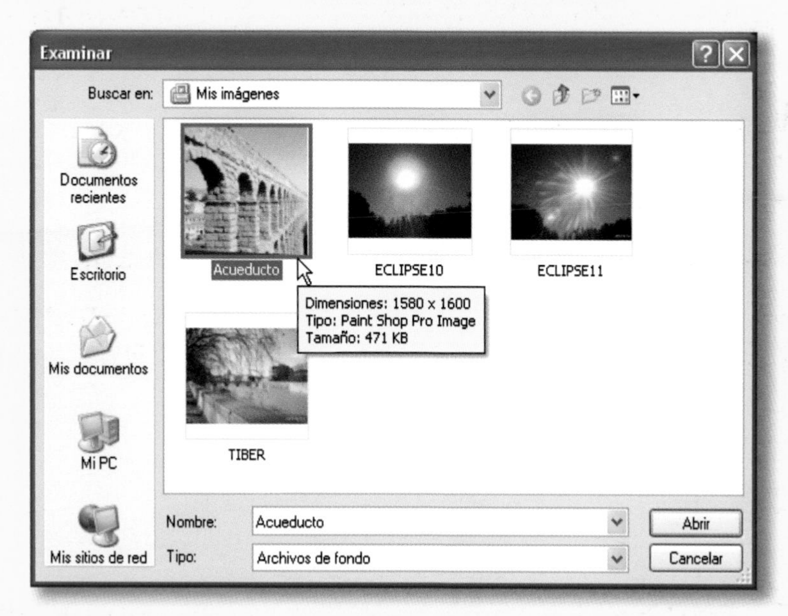

Figura 2.6. El cuadro de diálogo Examinar permite localizar una imagen.

6. Haga clic en **Aplicar** para observar el resultado.
7. Haga clic en **Aceptar** para confirmar el cambio o en **Cancelar** para poner otro fondo.

Los colores

La ficha Escritorio tiene una paleta de colores que permite cambiar el color del fondo del Escritorio. Recuerde que el mejor color no es el más bonito, sino el que más descanse la vista y mejor permita ver los objetos del Escritorio.

PRÁCTICA:

Pruebe a cambiar el color del Escritorio de la forma siguiente:

1. Acceda a la ficha Escritorio del cuadro de diálogo Propiedades de Pantalla.
2. Haga clic en la flecha abajo de la opción Color.

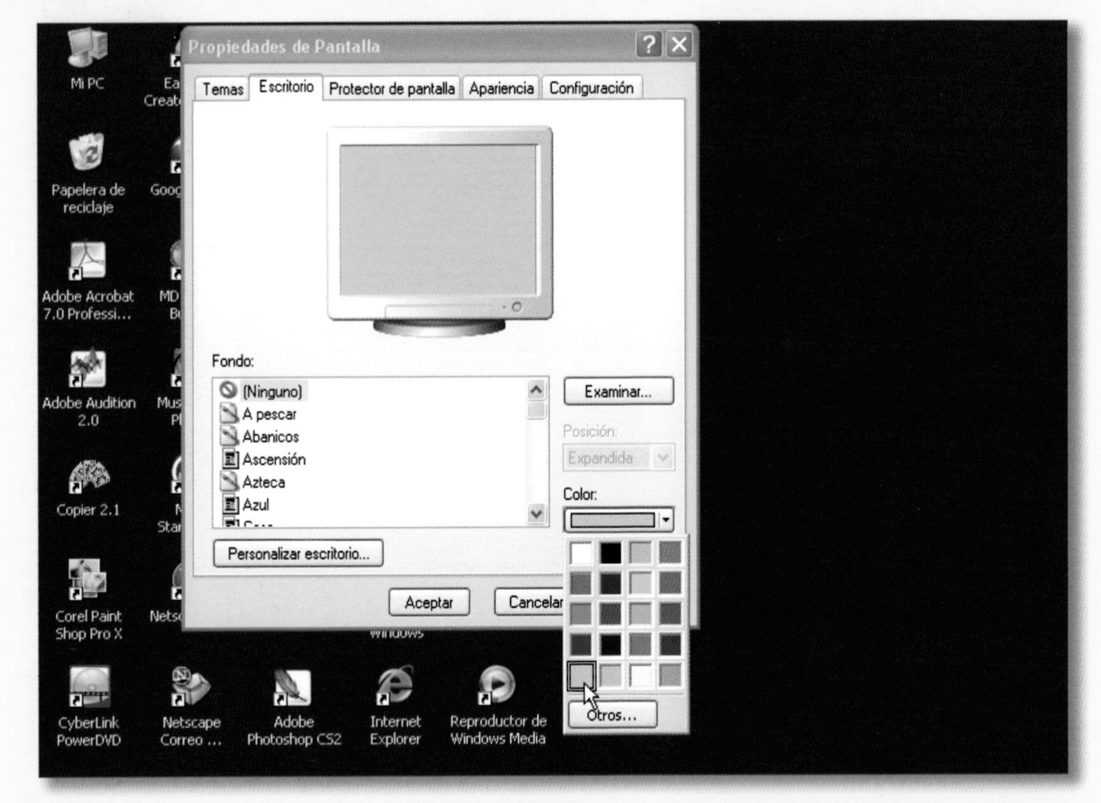

Figura 2.7. La opción Color de la ficha Escritorio despliega una paleta de colores.

3. Seleccione un color en la paleta. Observe el resultado en la pantalla de vista previa que ofrece el cuadro de diálogo.

4. Haga clic en **Aplicar** para observar el resultado.
5. Haga clic en **Aceptar** para confirmar el cambio o en **Cancelar** para elegir otro color.

El protector de pantalla

El protector de pantalla es una imagen o una animación que aparece en la pantalla del ordenador cuando se deja de utilizar unos minutos. Su cometido consiste en evitar que se dañe la pantalla al mantener una imagen fija durante cierto tiempo.

El protector de pantalla se pone en marcha al cabo de cinco o diez minutos de no utilizar el ordenador y tiene un aspecto predeterminado, pero se puede modificar fácilmente.

PRÁCTICA:

Pruebe a cambiar el protector de pantalla por otro personalizado.

1. Acceda al cuadro de diálogo Propiedades de Pantalla, como en la práctica anterior.
2. Haga clic en la pestaña Protector de pantalla para acceder a la ficha del mismo nombre.
3. En la pantalla de vista previa de la ficha Protector de pantalla podrá ver el protector que su ordenador utiliza actualmente. Haga clic en la flecha abajo Protector de pantalla, para desplegar la lista (véase la figura 2.8).
4. Haga clic en distintos protectores para ver el efecto en la pantalla de vista previa. Observe la lista de protectores de pantalla en la figura 2.9.

Figura 2.8. La pestaña Protector de pantalla da acceso a esa ficha.

5. Haga clic en **Aplicar** para observar el resultado.
6. Haga clic en **Aceptar** para confirmar el cambio o en **Cancelar** para elegir otro color.

Protector de pantalla con imágenes personalizadas

La opción Presentación de mis imágenes le permite utilizar una o varias imágenes o fotografías digitalizadas como protector de pantalla.

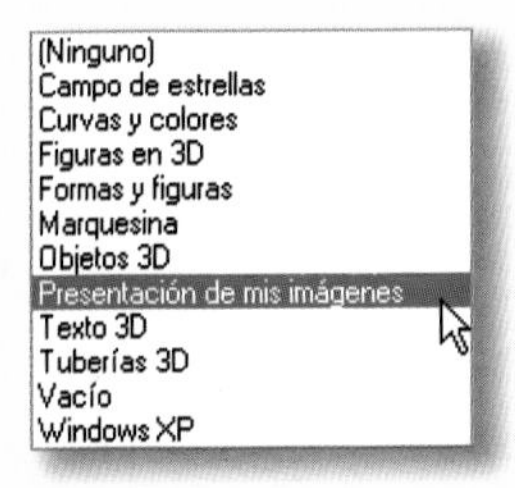

Figura 2.9. La opción Presentación de mis imágenes.

PRÁCTICA:

Pruebe a utilizar como protector de pantalla la misma imagen que aplicó antes al fondo de Escritorio. La imagen o imágenes a emplear deben hallarse dentro de la carpeta Mis imágenes, que se encuentra dentro de la carpeta Mis documentos. Aprenderemos a copiar imágenes en el capítulo 3.

1. En la ficha Protector de pantalla del cuadro de diálogo Propiedades de Pantalla, haga clic en la flecha abajo, situada debajo de Protector de pantalla, para desplegar la lista, y seleccione la opción Presentación de mis imágenes.
2. Si sólo tiene una imagen, aparecerá en la pantalla de vista previa. Si tiene más de una, irán apareciendo sucesivamente.

Figura 2.10. La imagen de fondo de Escritorio anterior como protector de pantalla.

Tiempo de espera

La ficha Protector de pantalla permite también controlar el tiempo que ha de esperar el protector de pantalla para ponerse en marcha.

PRÁCTICA:

La figura 2.11 muestra el control del tiempo. Observe que indica 5 minutos como plazo. Para alargarlo, hay que hacer clic en la flecha arriba. Para acortarlo, hay que hacer clic en la flecha abajo.

Figura 2.11. El tiempo de espera del protector de pantalla también se puede modificar.

LA VISTA

Windows XP ofrece la posibilidad de ver los objetos de diferentes maneras cuando los presenta en la ventana de Mi PC o del Explorador de Windows.

PRÁCTICA:

Pruebe las diferentes vistas que ofrece Windows:

1. Haga doble clic en el icono del **Explorador de Windows** que creamos en el Escritorio en el capítulo anterior. Si no lo ha creado, haga doble clic en **Mi PC**, ya que ambos son similares.

2. Haga clic en el menú Ver, situado en la parte superior de la ventana. A continuación, haga clic en las opciones Barra del explorador>Carpetas. Observe cómo cambia la ventana de la izquierda para presentar las carpetas alojadas en el equipo.

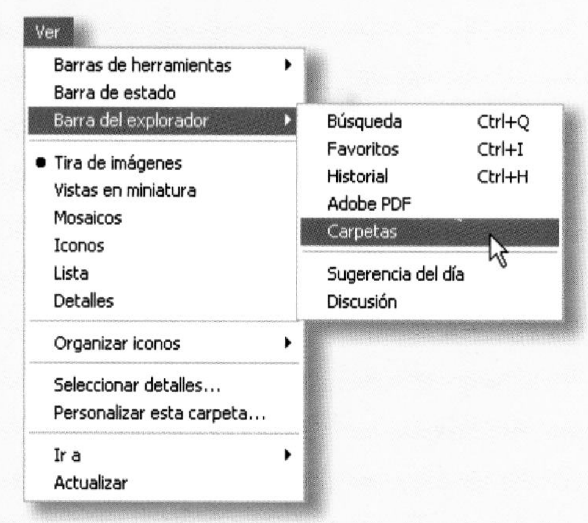

Figura 2.12. La opción Ver>Barra del explorador>Carpetas cambia la vista de la ventana.

3. Haga clic en una carpeta en la que haya almacenado documentos. Si tiene imágenes y textos en una misma carpeta, podrá ver los diferentes aspectos que Windows XP presenta.

4. Observe la figura 2.13. El contenido de la carpeta Presentación, que está seleccionada a la izquierda, aparece en la parte derecha con diferentes aspectos. Las imágenes se ven en miniatura. Los textos llevan forma de documento con la W de Word, el programa con que se han escrito. Los iconos en forma de sobre representan mensajes de correo electrónico.

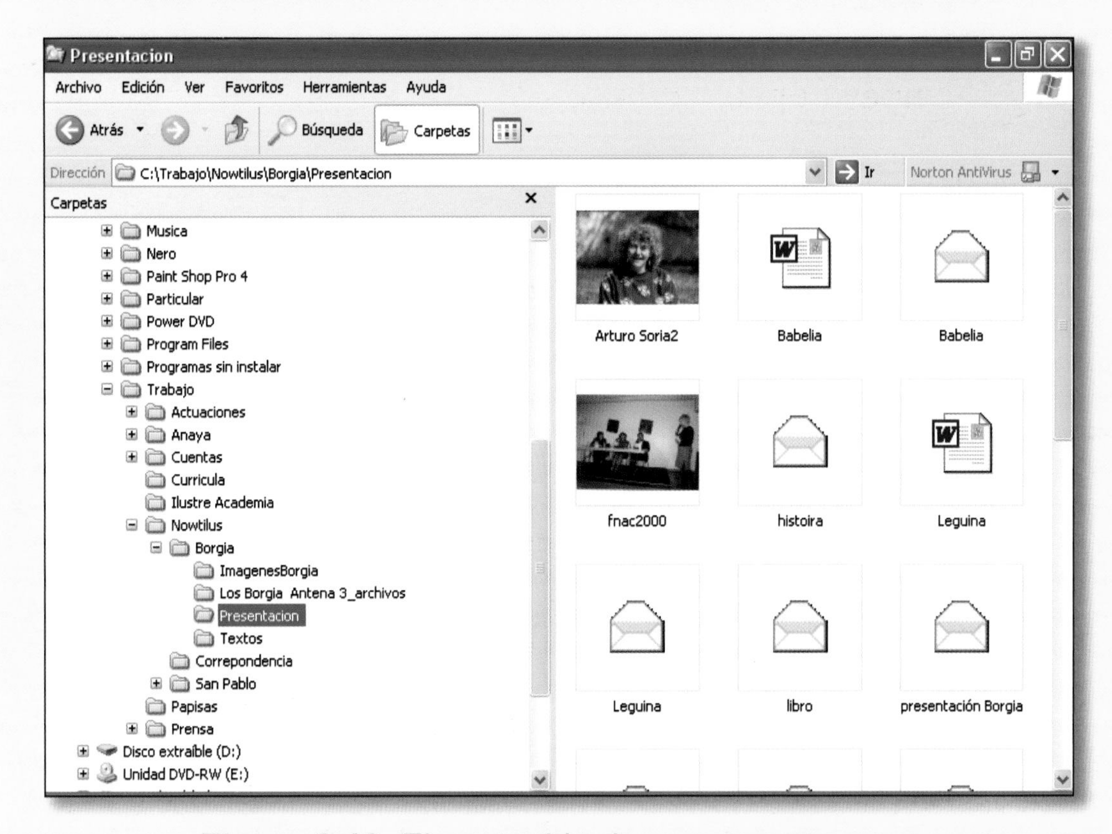

Figura 2.13. El contenido de una carpeta se ve de diferentes maneras.

5. Haga clic en el menú Ver para ver las opciones que ofrece Windows.

6. Haga clic en cada una de las opciones para comprobar el efecto en la ventana de la derecha. Según los objetos que haya en la carpeta seleccionada, las vistas serán diferentes:

   - Si hay textos, mensajes, imágenes y/o programas, el menú ofrecerá las opciones Vistas en miniatura, Mosaicos, Iconos, Lista y Detalles. Pruebe cada una de ellas.
   - Si solamente hay imágenes, el menú presentará una nueva opción llamada Tira de imágenes.

Figura 2.14. El menú Ver ofrece varias opciones.

7. Pruebe a hacer clic en una carpeta (en la zona izquierda) en la que solamente guarde imágenes.
8. Haga clic en el menú Ver. Ahora puede hacer clic en la opción Tira de imágenes. Observe que las imágenes aparecen en la parte inferior de la zona derecha. En la parte superior se ve la miniatura de la imagen seleccionada.
9. Haga clic en el botón **Imagen siguiente**, que tiene una flecha a la derecha, para ver la siguiente imagen en miniatura.

Figura 2.15. El botón Imagen siguiente va presentando las miniaturas.

EL ESCRITORIO

El Escritorio es la interfaz que Windows XP presenta al usuario, en el que se sitúan iconos que representan los programas.

Crear iconos

Podemos crear iconos de los documentos y programas más habituales, para acceder a ellos más rápidamente.

PRÁCTICA:

Si dispone de un documento, ya sea un texto, una hoja de cálculo, un archivo de música o vídeo o una imagen, ahora puede crear un acceso directo para él en el Escritorio.

1. Haga doble clic en el icono del **Explorador de Windows** o en **Mi PC**.
2. Si no se ven las carpetas a la izquierda, haga clic en Ver>Barra del explorador>Carpetas.
3. Haga clic en la carpeta que contiene el documento, para abrirla.
4. En la ventana de la derecha, localice el documento y haga clic en él, esta vez con el botón derecho del ratón. En la figura 2.16, la carpeta seleccionada en la zona izquierda es Hacienda.

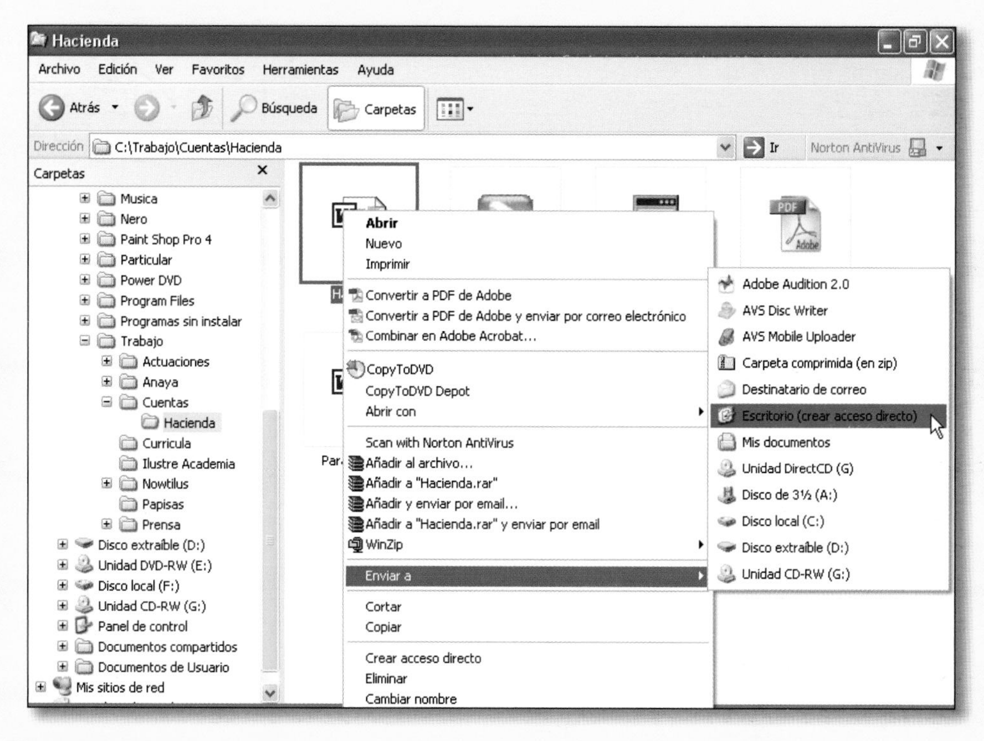

Figura 2.16. La opción Crear acceso directo para un documento de Hacienda.

5. Cuando se despliegue el menú emergente, haga clic en Enviar a>Escritorio (crear acceso directo). En la figura 2.16, estamos creando un acceso directo para un documento contenido en la carpeta Hacienda.

6. A partir de ese momento, podrá abrir el documento haciendo doble clic en su icono del Escritorio.

Organizar los iconos

Los iconos del Escritorio se pueden organizar por nombre, tipo, tamaño, etc.

PRÁCTICA:

1. Haga clic con el botón derecho del ratón en una zona en blanco del Escritorio.
2. En el menú emergente, haga clic en Organizar iconos y en el submenú, haga clic en Nombre.

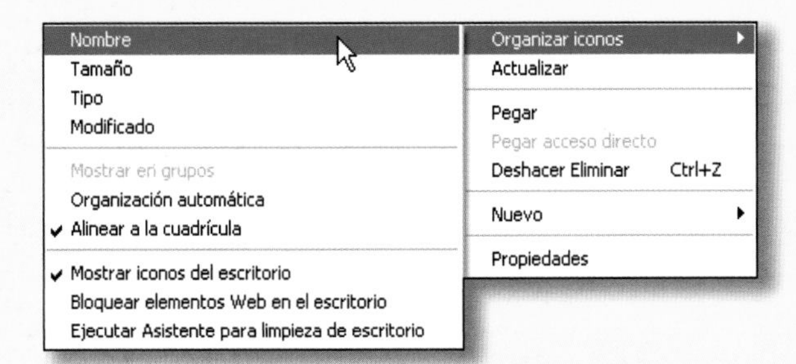

Figura 2.17. El menú emergente del Escritorio permite ordenar los iconos.

Crear carpetas

También es posible crear carpetas en el Escritorio para guardar en ellas los documentos, imágenes u otro tipo de archivos con los que se trabaje habitualmente.

PRÁCTICA:

Pruebe a crear una carpeta en el Escritorio.

1. Haga clic con el botón derecho del ratón en una zona del Escritorio en blanco.
2. En el menú emergente, haga clic en Nuevo y en el submenú, haga clic en Carpeta.
3. Observe que aparece un nuevo icono en el escritorio con el nombre de Nueva carpeta. Está seleccionado y el nombre aparece de color azul, centrado. Eso indica que puede escribir un nombre con el que reemplazar el de Nueva carpeta. Como la carpeta está seleccionada, Windows se lo aplicará.
4. Escriba el nombre que desee.

Cambiar el nombre de un icono

PRÁCTICA:

Pruebe a cambiar el nombre de la carpeta que ha creado recientemente.

1. Haga clic con el botón derecho del ratón en el icono de la carpeta, en el Escritorio.
2. En el menú emergente, haga clic en la opción Cambiar nombre.

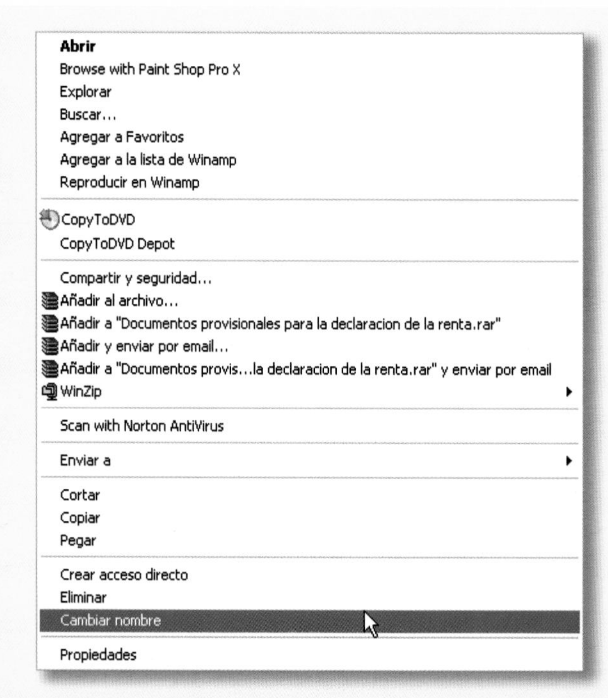

Figura 2.18. El menú emergente del icono permite cambiar su nombre.

3. El nombre del icono aparecerá azul y centrado. Escriba en el teclado el nuevo nombre y pulse la tecla **Intro** cuando termine.

Mover un icono

Los iconos se pueden mover en el Escritorio igual que las ventanas. Solamente hay que hacer clic y arrastrar a otro lugar.

PRÁCTICA:

Pruebe a mover a la vez los dos iconos creados, el del Explorador de Windows y el de la nueva carpeta.

1. Pulse la tecla **Control** y manténgala oprimida.
2. Haga clic en el icono del **Explorador de Windows** y después en el de la nueva carpeta, para seleccionarlos.
3. Suelte la tecla **Control**. Sin dejar de oprimir el botón izquierdo del ratón, arrastre hacia cualquier lugar del Escritorio. Cuando suelte el ratón, ambos iconos se habrán desplazado.
4. Para colocarlos de nuevo, puede utilizar el menú Organizar iconos.

Figura 2.19. Los iconos seleccionados se pueden mover.

3

Organización del trabajo

Windows XP ofrece dos herramientas fundamentales para organizar el trabajo. Son Mi PC y el Explorador de Windows. Hemos visto ambos programas en los capítulos anteriores y hemos comprobado que ambos son similares.

EL ÁRBOL DE CARPETAS

El trabajo se organiza en Windows XP dentro de carpetas situadas a su vez dentro de otras carpetas. Hay una carpeta principal, llamada *carpeta raíz*, dentro de la cual hay otras que a su vez contienen otras. Eso se llama *árbol de carpetas*. Los documentos, imágenes y programas se encuentran dentro de la carpeta correspondiente.

PRÁCTICA:

Para visualizar mejor la ruta de acceso de las carpetas y trabajar con más facilidad, conviene cambiar el tipo de vista en el Explorador de Windows.

1. Haga doble clic en el icono del **Explorador de Windows** para abrirlo.
2. Haga clic sucesivamente en Ver>Barra del explorador>Carpetas.
3. Una vez que se vean las carpetas a la izquierda, le será más fácil manejar los contenidos que aparecen en la zona de la derecha en vista Detalles. Haga clic en Ver>Detalles. La ventana del Explorador de Windows quedará como muestra la figura 3.3.

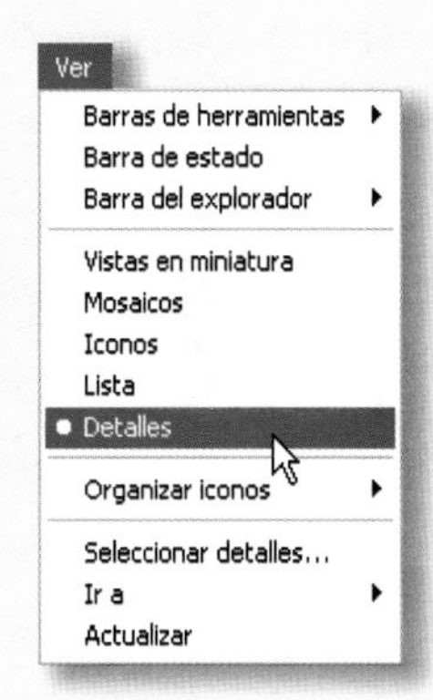

Carpetas ocultas

Windows XP oculta el contenido de algunas carpetas para evitar que se modifique o elimine por error. Se trata de carpetas que contienen programas del sistema.

Para visualizar el contenido de una carpeta oculta, hay que hacer clic en la opción Mostrar el contenido de esta carpeta.

Figura 3.1. La opción Mostrar el contenido de esta carpeta.

¿DÓNDE GUARDA WINDOWS XP LOS DOCUMENTOS?

Observe la figura 3.2. La ventana del Explorador de Windows tiene dos zonas. En la zona de la izquierda aparecen las carpetas. Las que están más a la izquierda son las carpetas principales. Los contenidos se muestran en la zona de la derecha.

- La primera de ellas es Escritorio y contiene todos los objetos del Escritorio.

- La segunda carpeta se llama Mis documentos. Windows guarda en ella los documentos que vaya creando el usuario. Dentro de ella hay otras carpetas como Mi música, Mis imágenes o Mis Vídeos. Windows XP guarda en ellas respectivamente los archivos de música, las imágenes y los vídeos que el usuario va almacenando.
- La tercera carpeta se llama Mi PC.
- Finalmente hay otras dos carpetas: Mis sitios de Red y Papelera de reciclaje.

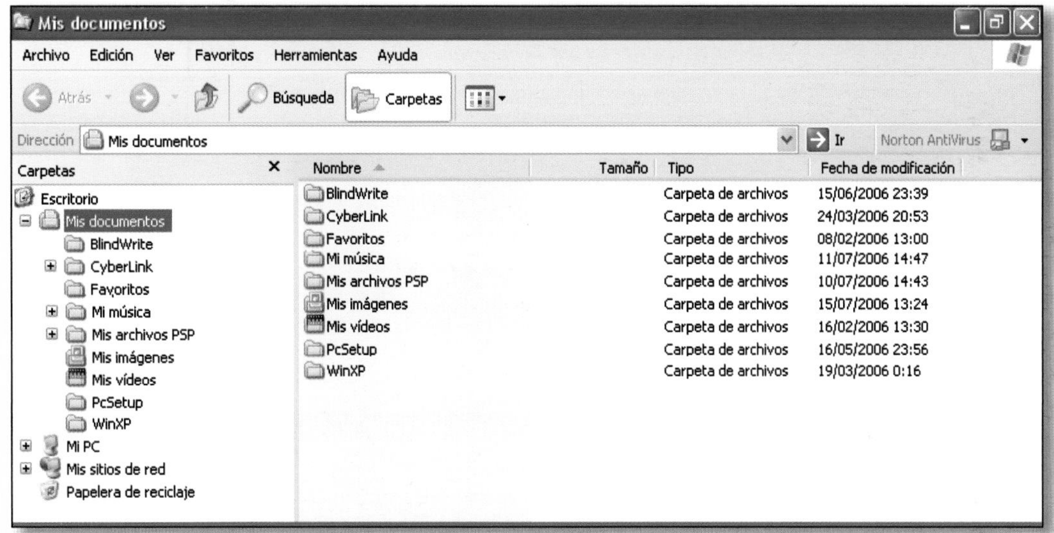

Figura 3.2. La vista Detalles muestra detalles de las carpetas.

Junto a la carpeta Mis documentos hay un pequeño cuadro con un signo menos (-). Eso significa que la carpeta está abierta. Observe que, al abrir la carpeta, el contenido no solamente se encuentra debajo de ella, sino también en la zona derecha de la ventana.

PRÁCTICA:

1. Pruebe a cerrar la carpeta Mis documentos, haciendo clic en el pequeño cuadro con el signo menos.

Mis documentos

2. La carpeta Mis documentos se ha cerrado. Ya no aparece su contenido bajo ella, pero sigue apareciendo a la derecha, porque sigue estando seleccionada. Haga clic en Mi PC y observe que ahora es esa carpeta la que se abre, para mostrar su contenido, que son las unidades de disco del ordenador.

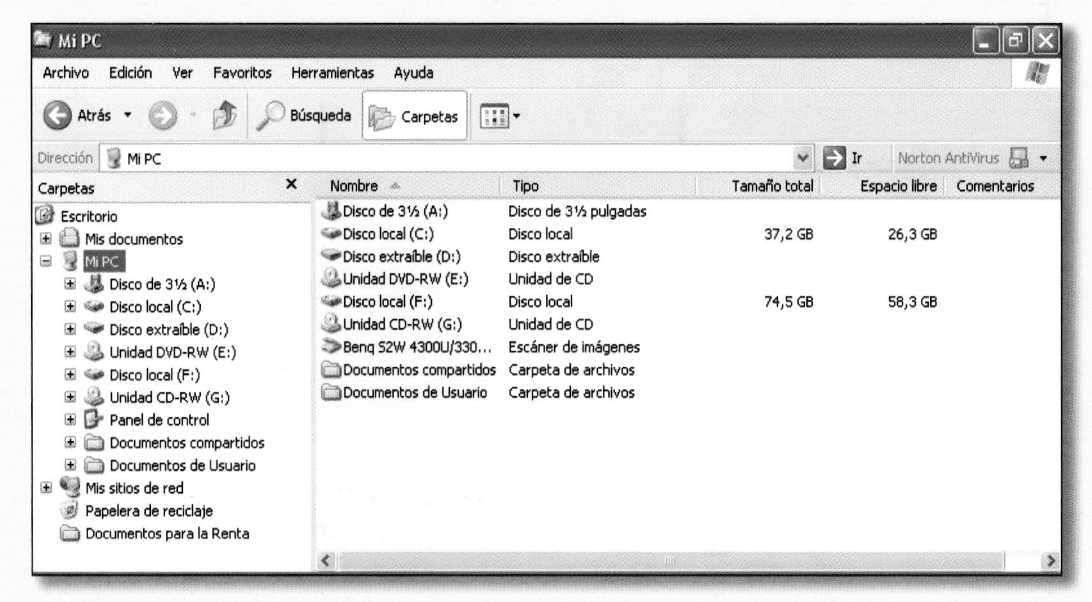

Figura 3.3. La carpeta Mi PC muestra las unidades de disco.

3. Ahora es el cuadrito que hay junto a Mi PC el que tiene el signo menos, mientras que el que corresponde a Mis documentos tiene el signo más.

4. Haga clic en él para abrir la carpeta. Ahora hay dos carpetas raíz abiertas, Mis documentos y Mi PC.

GESTIÓN DE DOCUMENTOS Y ARCHIVOS

Aunque haya varias carpetas abiertas en la zona de la izquierda, la zona de la derecha muestra siempre el contenido de la carpeta que esté seleccionada.

PRÁCTICA:

Haga clic en cada una de las carpetas situadas debajo de la carpeta raíz Mis documentos. Observe que el contenido de la carpeta seleccionada en la zona izquierda pasa automáticamente a la zona de la derecha. Si se ve como iconos o miniaturas, haga clic en Ver>Detalles.

Crear una carpeta

PRÁCTICA:

Pruebe a crear una nueva carpeta en el Explorador de Windows.

1. Haga doble clic en el icono del **Explorador de Windows** para abrirlo.
2. Maximice la ventana haciendo clic en el botón **Maximizar**. Recuerde que está en el medio de los tres botones de la esquina superior derecha.

3. Si la carpeta Mis documentos no aparece seleccionada (de color más oscuro), haga clic en ella para seleccionarla.
4. Haga clic en el menú Archivo. Es el primero de la izquierda en la barra de menú, que está situada en la parte superior de la ventana, bajo la barra de título.
5. Cuando se despliegue el menú Archivo, haga clic en la opción Nuevo.
6. Cuando se despliegue el submenú, haga clic en la opción Carpeta.

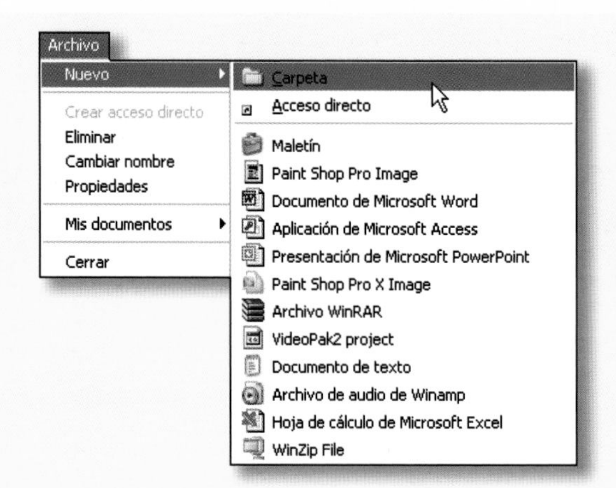

Figura 3.4. El menú Archivo y el submenú Nuevo.

Dado que estaba seleccionada la carpeta Mis documentos, la nueva carpeta se creará dentro de ella. Las subcarpetas que contiene la carpeta Mis documentos se ven en la zona de la derecha de la ventana del Explorador de Windows. Observe que al final de todo aparece la carpeta recién creada con el nombre de Nueva carpeta.

PRÁCTICA:

La nueva carpeta se llama así, Nueva carpeta. El nombre aparece seleccionado, de color azul. Ahora puede escribir el nombre que desee. Escriba, por ejemplo, Mis fotos y pulse la tecla **Intro** (del teclado) para validar el nuevo nombre. Recuerde que también puede cambiar el nombre seleccionando la carpeta y haciendo clic en Archivo>Cambiar nombre, como hicimos con la carpeta creada en el Escritorio.

Copiar un archivo a una carpeta

Para copiar un archivo a una carpeta, hay que seleccionar la carpeta de destino en la zona izquierda de la ventana del Explorador de Windows y situar el archivo a copiar en la zona de la derecha. Después, hay que arrastrar el archivo sobre la carpeta.

PRÁCTICA:

Pruebe a copiar una fotografía de un disco a la nueva carpeta.

1. Inserte en la unidad de CD-ROM un disco que contenga fotografías digitales o imágenes.
2. Cuando Windows le presente un cuadro de diálogo ofreciendo copiar las imágenes, haga clic en **Cancelar**.
3. Abra el Explorador de Windows y haga clic en Mi PC, en la zona izquierda.
4. Haga clic en la unidad de disco en que haya insertado el CD. Puede llamarse D, E, F, etc. En la figura de ejemplo se llama (E:).
5. Si la foto o imagen a copiar está en una carpeta del disco, haga clic en ella.
6. Si las imágenes se ven como miniaturas, haga clic en Ver>Detalles.

Observe la figura 3.5. Está en vista Detalles y puede verse el nombre de cada imagen, el tamaño, tipo, etc. Las fotografías se encuentran dentro de una carpeta llamada Amigos, que está dentro de otra carpeta llamada Fotos, dentro del disco (E:), que es la unidad de CD-ROM. Puede verlo en la zona de la izquierda, donde aparecen abiertas esas carpetas. La carpeta Amigos está seleccionada.

La ruta de acceso

Se llama *ruta de acceso* al camino que hay que recorrer haciendo clic para acceder a un archivo o documento. La ruta de acceso de la fotografía que vamos a copiar, que es la primera de todas, Alfredo y Maribel, es por tanto E:\Fotos\Amigos, como puede ver en la casilla Dirección, en la parte superior del Explorador de Windows, en la figura 3.5.

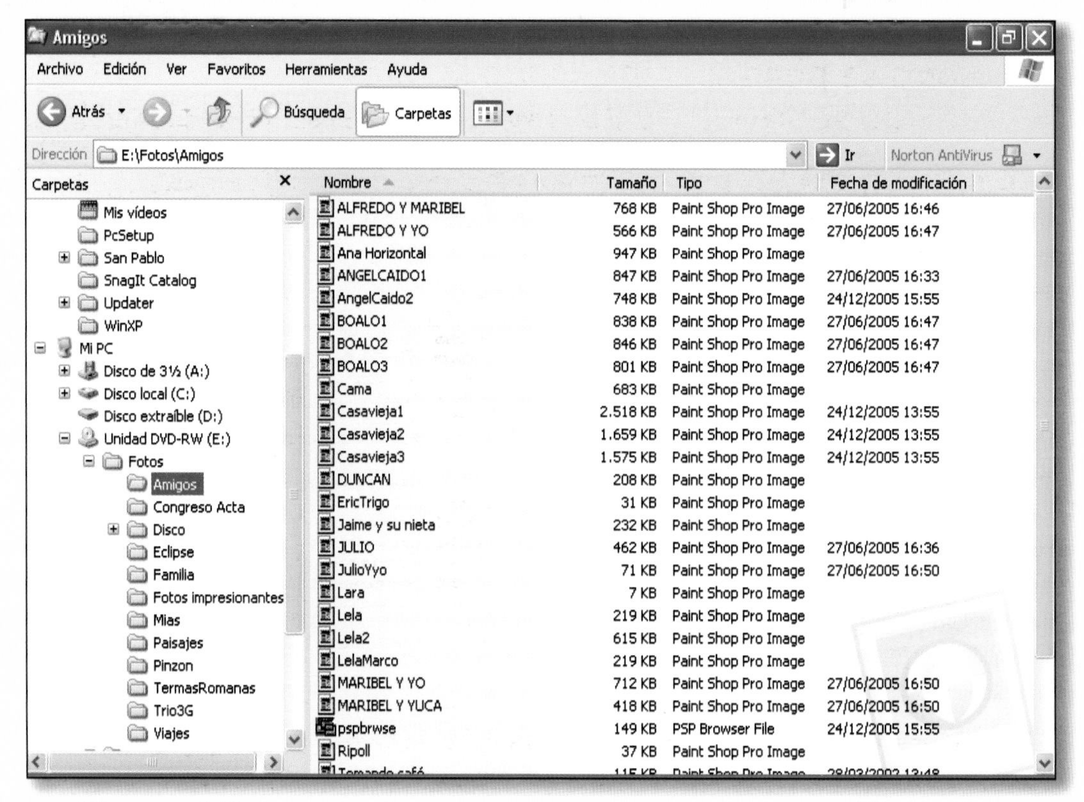

Figura 3.5. La ruta de acceso aparece en la barra Dirección.

PRÁCTICA:

Ahora es preciso hacer visible la carpeta Mis fotos que hemos creado anteriormente.

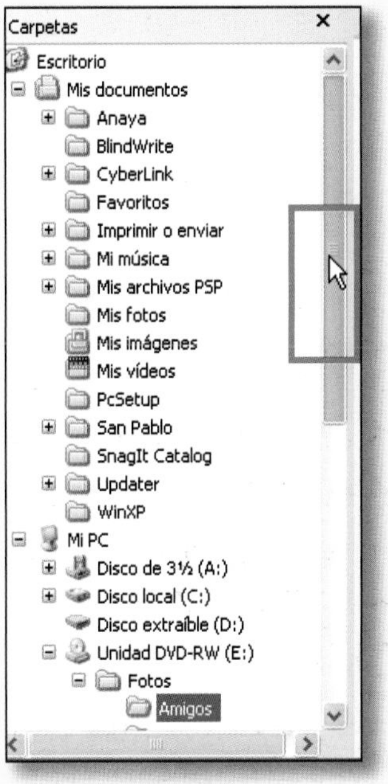

1. Si la carpeta de destino, Mis fotos, no está visible, haga clic en el botón de desplazamiento azul de la zona izquierda, y arrástrelo hacia arriba hasta que aparezca la carpeta.
2. Ahora que están visibles la carpeta de destino a la izquierda y la foto a copiar a la derecha, haga clic en la foto y, sin soltar el ratón, arrástrela hasta que quede sobre la carpeta de destino. Observe que la carpeta Mis fotos se pondrá azul cuando la foto llegue sobre ella, para indicar que está seleccionada.

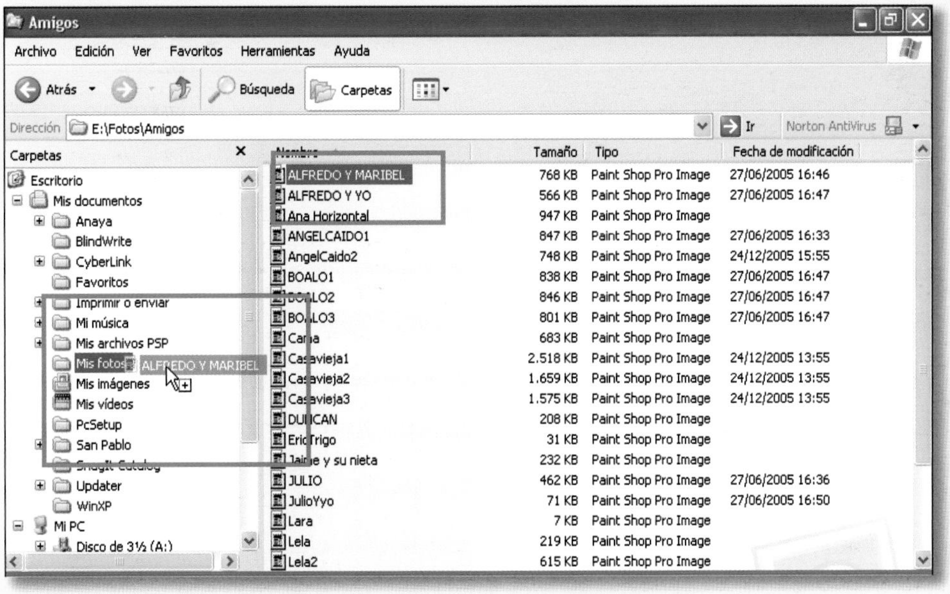

Figura 3.6. Al llegar la fotografía a la carpeta de destino, ésta queda seleccionada.

3. Suelte el botón del ratón. La fotografía queda copiada dentro de la carpeta.
4. Para comprobarlo, haga clic en la carpeta Mis fotos.
5. Para abrir la fotografía, haga doble clic en ella.

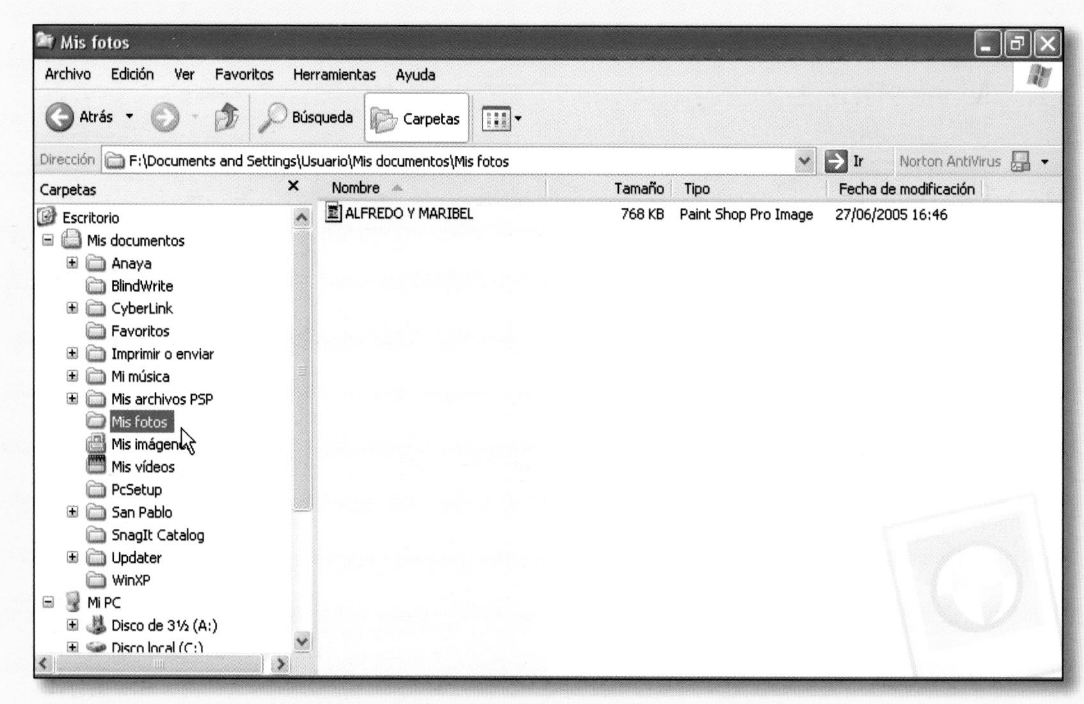

Figura 3.7. Al hacer clic en la carpeta, aparece la fotografía a la derecha

Seleccionar una o varias carpetas

Para seleccionar una carpeta, hay que hacer clic en ella. Para seleccionar más de una, hay que utilizar el mismo método que empleamos en el capítulo 1 para los iconos del Escritorio. Pero, para seleccionar más de una carpeta, es preciso que se encuentren todas en la zona derecha de la ventana.

PRÁCTICA:

Pruebe a seleccionar varias carpetas dentro de Mis documentos.

1. Haga clic en Mis documentos, para abrirla.
2. Mantenga pulsada la tecla **Control** y haga clic en Mis imágenes, Mis fotos y Favoritos.

3. Para seleccionar varias carpetas contiguas, mantenga pulsada la tecla **Mayús**, haga clic en la primera y después en la última.

4. Para eliminar la selección, haga clic en un lugar en blanco de la ventana.

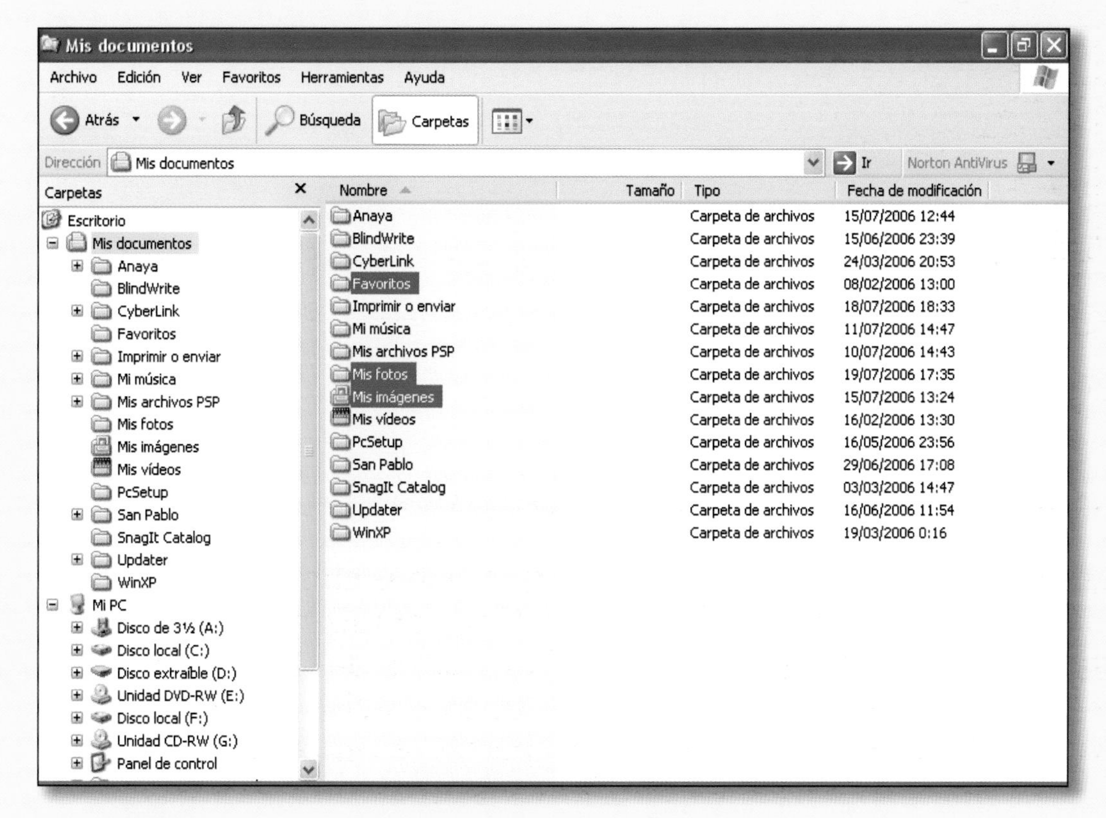

Figura 3.8. Varias carpetas no contiguas seleccionadas.

Mover un archivo o carpeta

La diferencia entre mover y copiar es que la opción Mover traslada el archivo o carpeta a otro lugar, con lo que el original desaparece, mientras que Copiar coloca una copia en el destino, manteniendo el original.

PRÁCTICA:

Pruebe a mover la carpeta Mis fotos.

1. Haga clic en Mis documentos.
2. Haga clic, esta vez con el botón derecho del ratón, en la carpeta Mis fotos, en la zona de la derecha y arrástrela sobre la carpeta Mis imágenes, en la zona de la izquierda.
3. Suelte el botón del ratón y haga clic, ahora con el botón izquierdo, en la opción Mover aquí, del menú emergente.

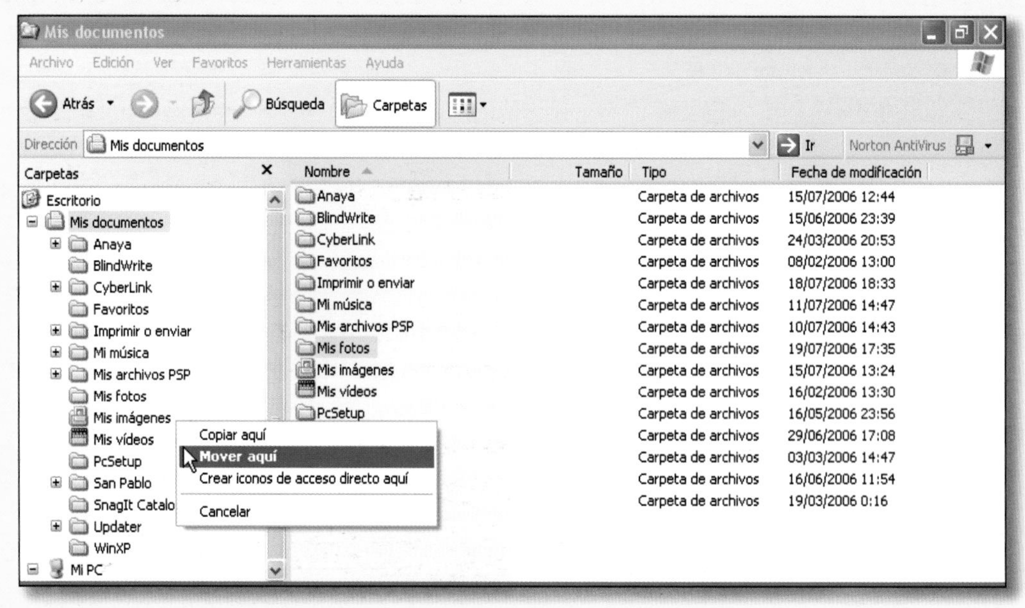

Figura 3.9. El menú emergente permite copiar, mover o crear iconos de acceso directo.

En la figura 3.10 puede ver que la carpeta Mis fotos ha desaparecido de la zona de la derecha y ahora se encuentra dentro de la carpeta Mis imágenes, puesto que aparece debajo de ella.

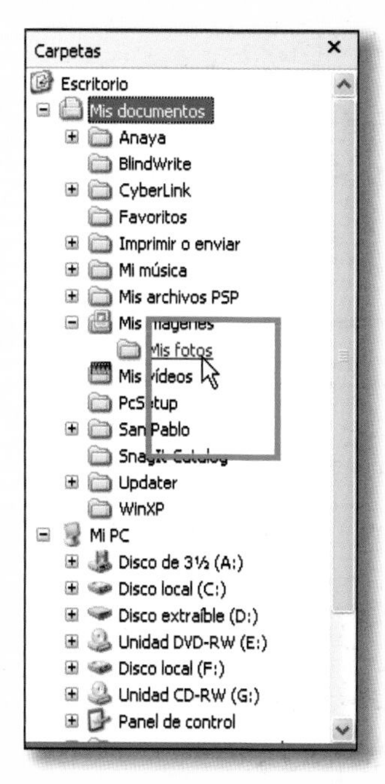

Figura 3.10. La carpeta Mis fotos se ha trasladado a otro lugar.

La opción Deshacer

La opción Deshacer permite volver atrás en la última acción realizada.

PRÁCTICA:

Pruebe a deshacer la acción de mover la carpeta Mis fotos, haciendo clic en la opción de menú Edición>Deshacer Mover. La carpeta Mis fotos volverá a su lugar de origen.

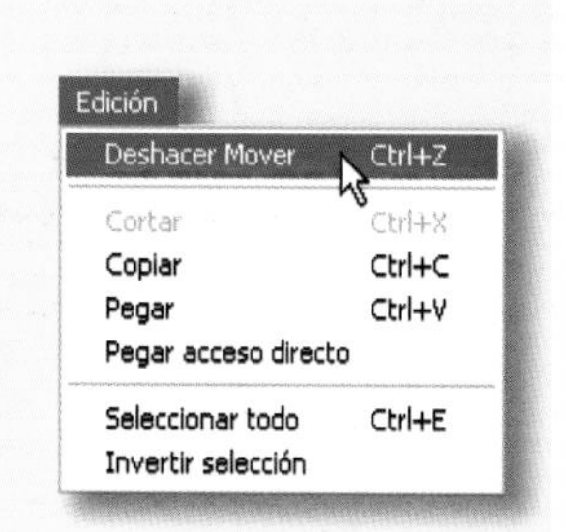

Borrar un archivo o carpeta

Para borrar un archivo o carpeta, hay que seleccionarlo y pulsar la tecla **Supr**.

PRÁCTICA:

Pruebe a borrar la carpeta Mis fotos con la fotografía que contiene.

1. Haga clic en Mis fotos para seleccionarla.
2. Pulse la tecla **Supr**.
3. Cuando Windows pida confirmación, haga clic en **Sí**.

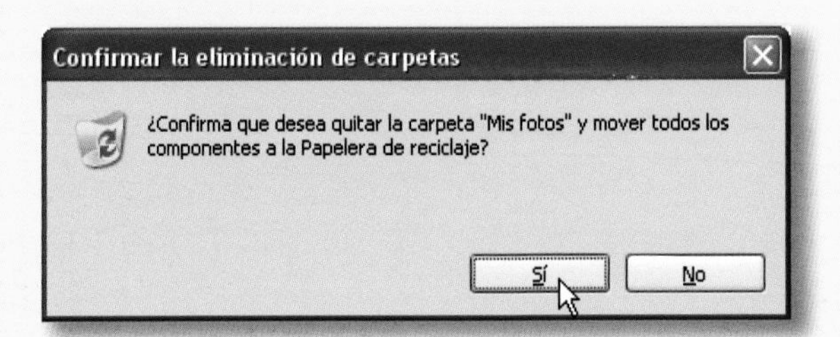

Figura 3.11. Windows XP siempre pide confirmación antes de borrar un objeto.

La Papelera de reciclaje

Observe que en la figura 3.11 el cuadro de diálogo de Windows no pide autorización para BORRAR la carpeta, sino para enviarla a la Papelera de reciclaje. La Papelera es una zona del disco duro en la que Windows guarda los objetos que se borran hasta que el usuario da orden de vaciarla.

NOTA: Es importante recordar que solamente van a la Papelera de reciclaje los objetos que se borren del disco duro, no los que se borren de discos extraíbles o disquetes.

Recuperación de documentos y archivos borrados

Para recuperar un objeto borrado, hay que localizarlo en la Papelera, hacer clic en él con el botón derecho del ratón y luego hacer clic en la opción Restaurar.

PRÁCTICA:

Ahora puede recuperar la carpeta borrada.

1. Haga clic en Papelera de reciclaje, en la zona izquierda de la ventana del Explorador de Windows. Se encuentra al final de todo.
2. Localice la carpeta Mis fotos en la zona de la derecha. Todo lo que se encuentre en esa zona serán elementos que haya borrado previamente.
3. Haga clic, esta vez con el botón derecho del ratón, en Mis fotos.
4. En el menú emergente, haga clic (con el botón izquierdo) en la opción Restaurar.
5. Observe que la carpeta Mis fotos desaparece de la Papelera y vuelve a su lugar de origen.

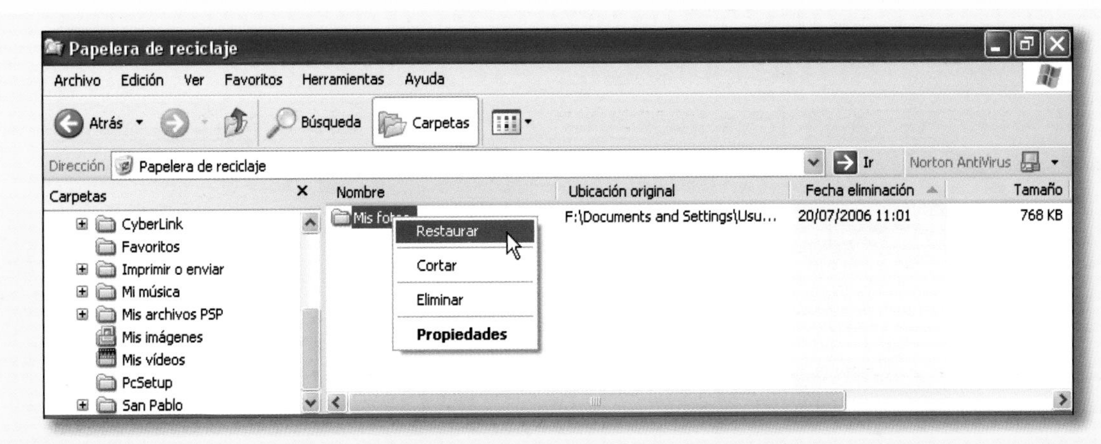

Figura 3.12. La opción Restaurar permite recuperar un archivo borrado.

PRÁCTICA:

Conviene vaciar de vez en cuando la Papelera, porque su contenido ocupa espacio en el disco duro.

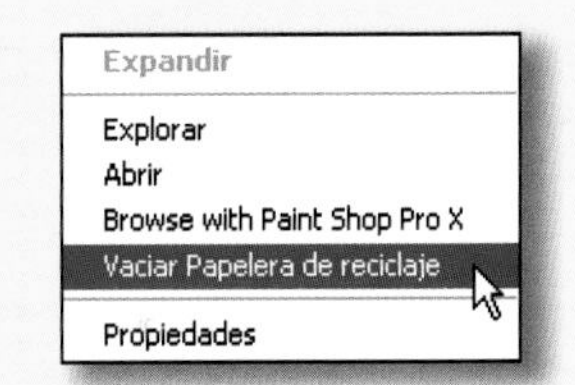

1. Haga clic en ella con el botón derecho del ratón y seleccione la opción Vaciar Papelera de reciclaje en el menú contextual.
2. Haga clic en **Sí** cuando Windows pida confirmación.

NOTA: Este menú también aparece al hacer clic con el botón derecho del ratón en el icono del Escritorio **Papelera de reciclaje**.

LA HERRAMIENTA BUSCAR

Windows XP ofrece una herramienta para localizar archivos en cualquier lugar del equipo.

PRÁCTICA:

Pruebe a buscar la carpeta Mis fotos. Después de moverla, borrarla y restaurarla, puede que no la encuentre.

1. Haga clic en Inicio>Buscar.
2. En el cuadro ¿Qué desea buscar? haga clic en la opción Todos los archivos y carpetas.

3. En el cuadro siguiente, escriba el nombre mis fotos en la casilla Todo o parte del nombre del archivo y haga clic en el botón **Búsqueda**.

Figura 3.13. El nombre de la carpeta a buscar.

4. La carpeta aparecerá a la derecha indicando el lugar en que está guardada. Puede hacer doble clic en ella si desea abrirla. Observe que, al aproximar el ratón, aparece toda la información.

Figura 3.14. La carpeta localizada y toda su información.

LA CARPETA FAVORITOS

El menú Favoritos del Explorador de Windows (o Mi PC) permite guardar en una carpeta llamada Favoritos archivos, documentos, imágenes, etc., de manera que se pueden localizar rápidamente haciendo clic en ese menú.

PRÁCTICA:

Pruebe a incluir la carpeta Mis fotos en Favoritos.

1. Selecciónela y haga clic en el menú Favoritos>Agregar a favoritos.

2. Haga clic en **Aceptar**, cuando el programa se lo pida.
3. A partir de ahora, para acceder a la carpeta solamente tendrá que hacer clic en el menú Favoritos y seleccionarla.

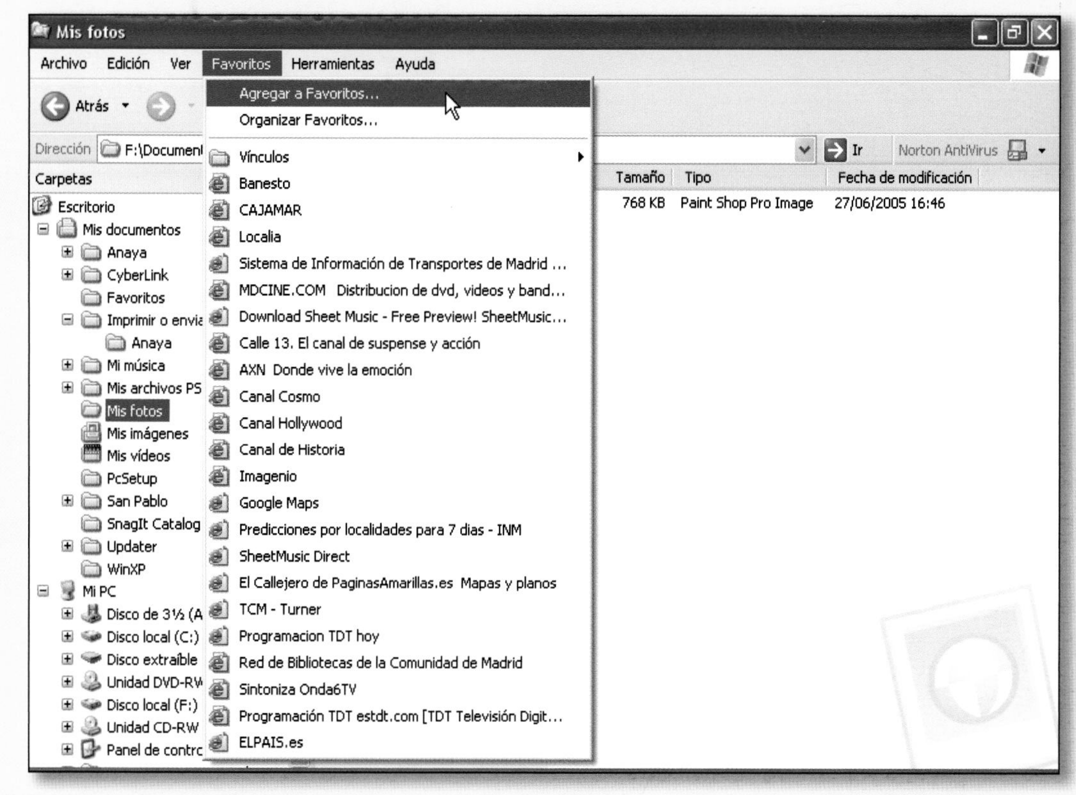

Figura 3.15. El menú Favoritos contiene numerosos documentos.

4

El trabajo con Windows XP

Windows XP ofrece numerosos recursos y herramientas que facilitan el trabajo.

EL PORTAPAPELES

El Portapapeles permite copiar cualquier cosa, de cualquier clase y prácticamente de cualquier tamaño, puesto que su capacidad depende de la del disco duro. Una vez copiado un elemento al Portapapeles, se puede pegar en cualquier otro lugar. Pero solamente puede haber un elemento en el Portapapeles. Al copiar otro, se borra el anterior.

Copiar y pegar

PRÁCTICA:

Pruebe a copiar al Portapapeles la fotografía que utilizamos en el capítulo 3.

1. Haga doble clic en el icono del **Explorador de Windows**.
2. Si no está activada la vista Carpetas, haga clic en Ver>Barra del explorador>Carpetas.
3. Haga clic en la carpeta Mis fotos, que creamos en el capítulo anterior.
4. Cuando la fotografía o imagen que contiene esta carpeta aparezca en la zona derecha de la ventana del Explorador de Windows, haga clic en ella para seleccionarla.
5. Haga clic en el menú Edición>Copiar.

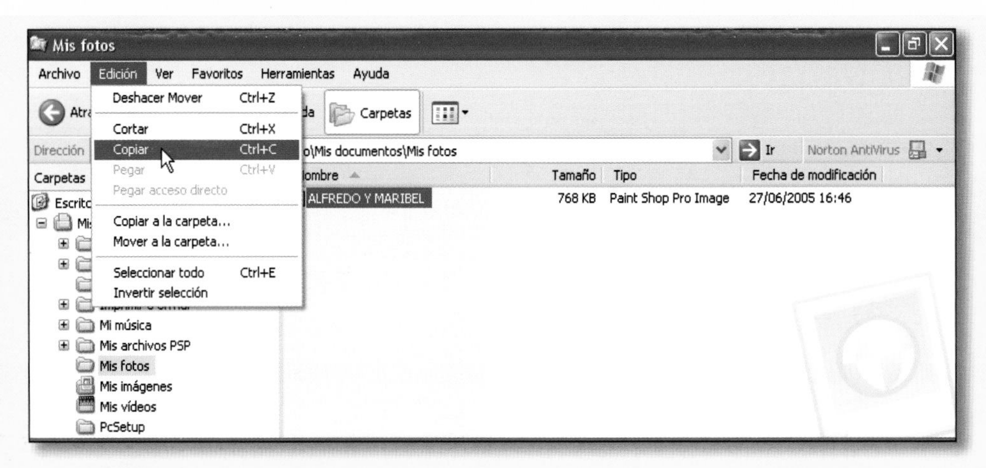

Figura 4.1. La opción Copiar en el menú Edición.

6. Haga clic en la carpeta Mis imágenes para pegar en ella la fotografía.
7. Haga clic en el menú Edición>Pegar.

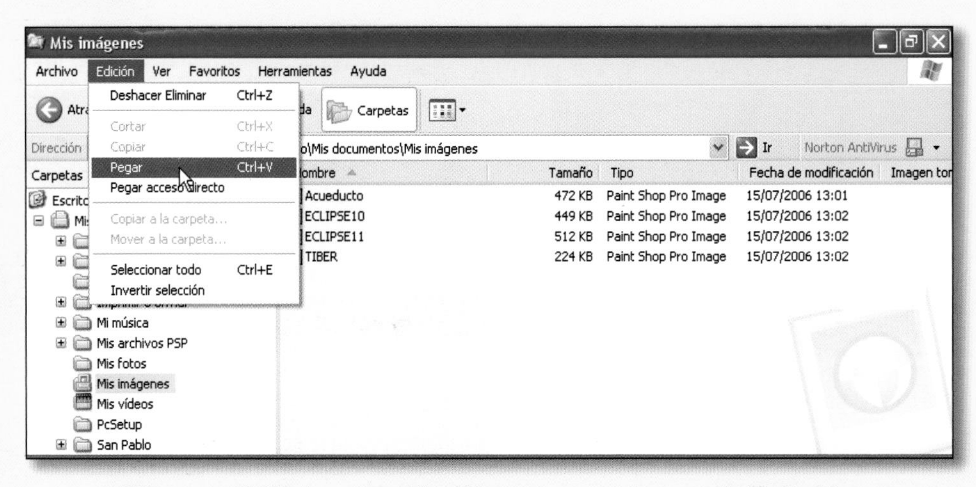

Figura 4.2. La opción Pegar en el menú Edición.

8. La fotografía se copiará a la carpeta Mis imágenes. Windows la mantendrá en el Portapapeles hasta que usted copie en él otra cosa o hasta que apague el ordenador. Por tanto, puede pegarla en tantos lugares como quiera y generar tantas copias como desee.

Cortar y pegar

PRÁCTICA:

Pruebe ahora a trasladar la fotografía al Portapapeles de Windows.

1. Haga clic en la carpeta Mis fotos.
2. Cuando la fotografía o imagen que contiene esta carpeta aparezca en la zona derecha de la ventana del Explorador de Windows, haga clic en ella para seleccionarla.
3. Haga clic en el menú Edición>Cortar.

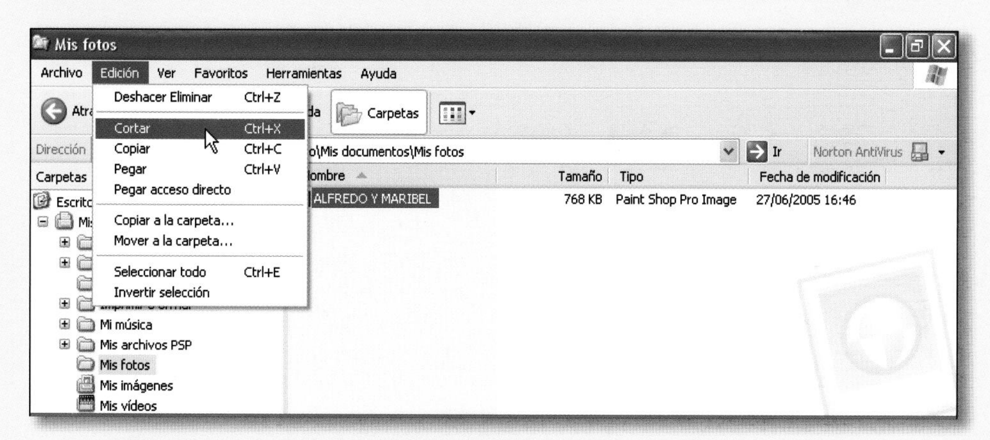

Figura 4.3. La opción Cortar en el menú Edición.

4. La fotografía se copiará al Portapapeles y desaparecerá de la carpeta original. Ahora puede pegarla en el lugar que desee. Recuerde que la copia del Portapapeles se mantendrá hasta que usted copie en él otro objeto cualquiera.
5. Si lo desea, pruebe a copiar o a cortar la carpeta completa Mis fotos al Portapapeles y a pegarla en otro lugar. Se pegará la carpeta con su contenido.

Copiar y pegar varios objetos

PRÁCTICA:

Pruebe a copiar y pegar varios objetos.

1. Inserte un disco con fotografías digitales o imágenes en la unidad de CD-ROM.
2. Haga clic en **Cancelar** en el cuadro que Windows presenta preguntando qué hacer.

Figura 4.4. Windows pregunta qué ha de hacer con las imágenes del disco.

3. Haga clic en la unidad de disco que contiene las imágenes, en la zona izquierda.
4. Cuando las fotografías aparezcan en la zona derecha de la ventana, pulse la tecla **Control** (del teclado) y haga clic en cada una de las fotos que quiera copiar al disco duro.
5. Cuando haya seleccionado todas las fotografías o imágenes a copiar, suelte la tecla **Control** y haga clic en Edición>Copiar.
6. Haga clic en la carpeta Mis fotos y después en Edición>Pegar.

EL VISOR DE IMÁGENES Y FAX DE WINDOWS

El Visor de imágenes y fax de Windows XP se pone en marcha automáticamente al hacer doble clic en una imagen o fotografía.

PRÁCTICA:

Examine las prestaciones del Visor de Windows.

1. Haga doble clic en una de las fotografías o imágenes anteriores.
2. Cuando se abra el Visor de imágenes y fax de Windows, observe la barra de herramientas que muestra en la parte inferior de la pantalla.

Figura 4.5. El Visor de Windows XP tiene una barra de herramientas.

3. Aproxime el puntero del ratón a cada uno de los botones de la barra, sin hacer clic, para obtener la información de herramientas. Así podrá saber con qué botón imprimir, guardar, borrar, girar, alejar, acercar o mostrar las fotografías en una presentación.

Imprimir una fotografía

PRÁCTICA:

Pruebe a imprimir una fotografía con el Visor de imágenes y fax de Windows:

1. Haga doble clic en la fotografía para poner en marcha el Visor.
2. Haga clic en el botón **Imprimir** de la barra de herramientas del Visor.

3. En el Asistente para impresión de fotografías, haga clic en el botón **Siguiente**.
4. Seleccione la imagen o imágenes a imprimir y haga clic en **Siguiente**.
5. Si tiene más de una impresora, selecciónela en la lista del siguiente cuadro y haga clic en **Siguiente**.
6. Seleccione Impresión de fotografía de página completa y haga clic en **Siguiente**.
7. Haga clic en **Finalizar** para cerrar el Asistente.

Figura 4.6. El Asistente permite seleccionar una o más imágenes a imprimir.

EL PANEL DE CONTROL

El Panel de control es una herramienta muy útil para controlar los elementos instalados, instalar nuevos accesorios o programas y desinstalarlos.

PRÁCTICA:

Pruebe a inspeccionar el Panel de control.

1. Haga clic en el botón **Inicio**. 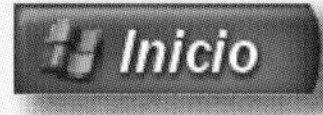

2. Haga clic en la opción Panel de control del menú Inicio.

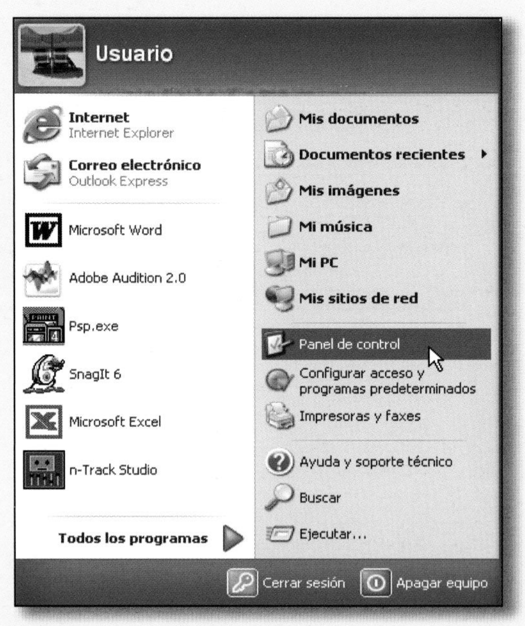

Figura 4.7. La opción Panel de control en el menú Inicio.

3. El Panel de control aparece en un modo llamado Vista por categorías. Haga clic en la opción Cambiar a vista clásica.

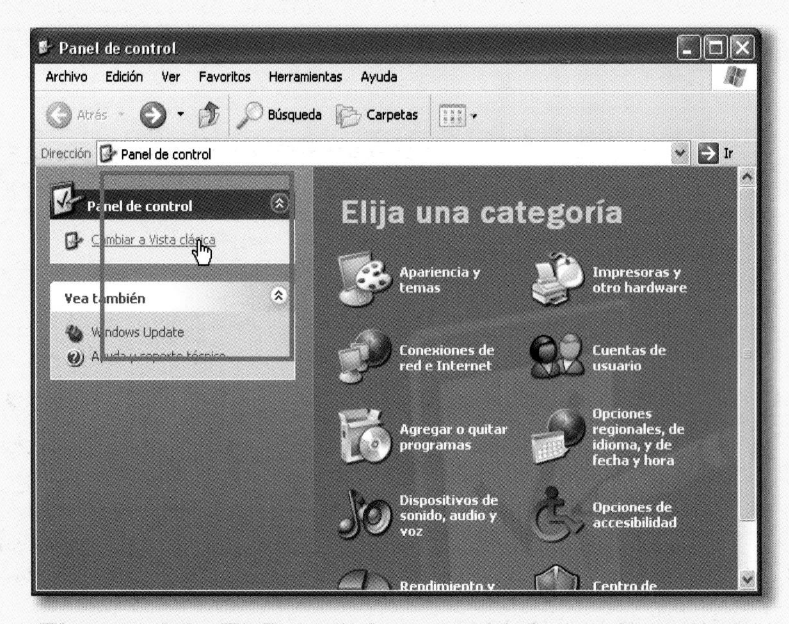

Figura 4.8. El Panel de control tiene dos vistas.

4. Haga clic en el menú Ver>Iconos.

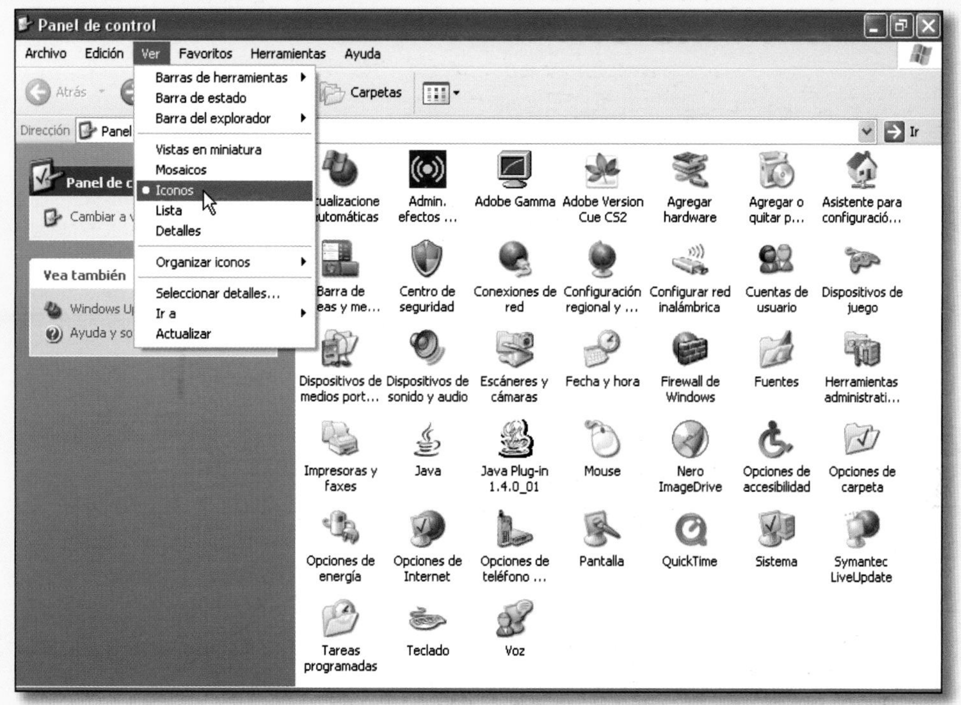

Figura 4.9. La vista Iconos muestra los programas del Panel de control como símbolos.

Instalar una impresora

PRÁCTICA:

Pruebe a instalar una impresora utilizando el Panel de control. No es necesario que disponga de una nueva impresora por instalar. Puede utilizar este ejercicio para aprender.

1. Repita los pasos de la práctica anterior y conecte la impresora a instalar.

2. Haga doble clic en el icono Impresoras y faxes.

3. En la zona Tareas de impresión, haga clic en la opción Agregar una impresora.

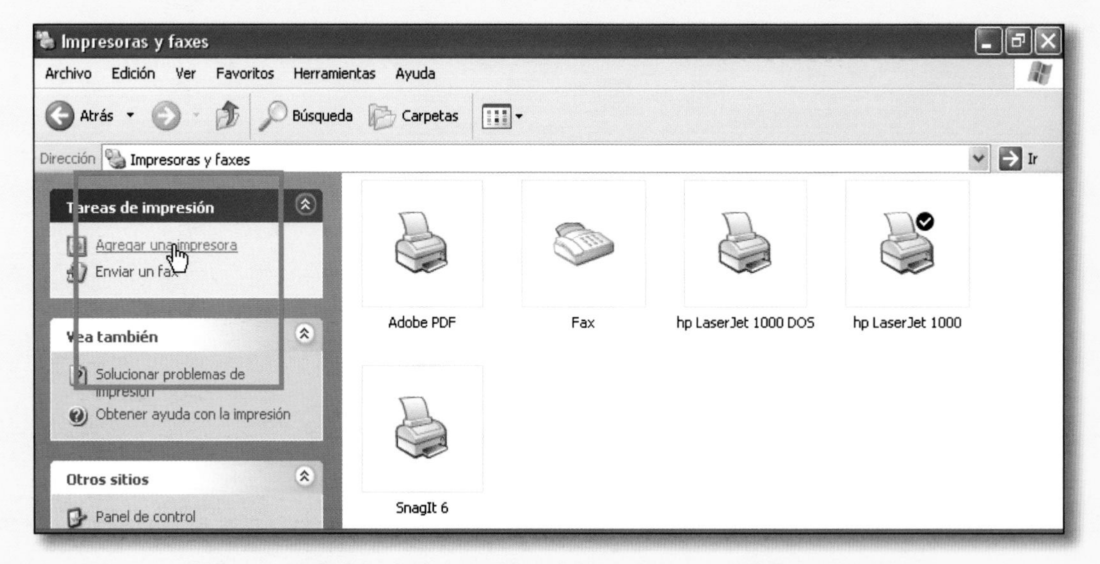

Figura 4.10. La opción Agregar una impresora.

4. Cuando aparezca el primer cuadro del Asistente para agregar impresoras, haga clic en el botón **Siguiente**.
5. El segundo cuadro del Asistente lleva seleccionada la opción Impresora local conectada a este equipo. Deje esta opción seleccionada y haga clic en **Siguiente** (véase la figura 4.11).
6. Si Windows no consigue detectar su impresora, el cuadro siguiente le permitirá indicarle en qué puerto se haya conectada. Haga clic en la lista desplegable Usar el puerto siguiente y luego haga clic en USB, al final de la lista (véase la figura 4.12).
7. Haga clic en el botón **Siguiente**.
8. En el siguiente cuadro, el Asistente le pide que identifique el fabricante y el modelo de su impresora. Observe que hay un botón llamado **Utilizar disco**.

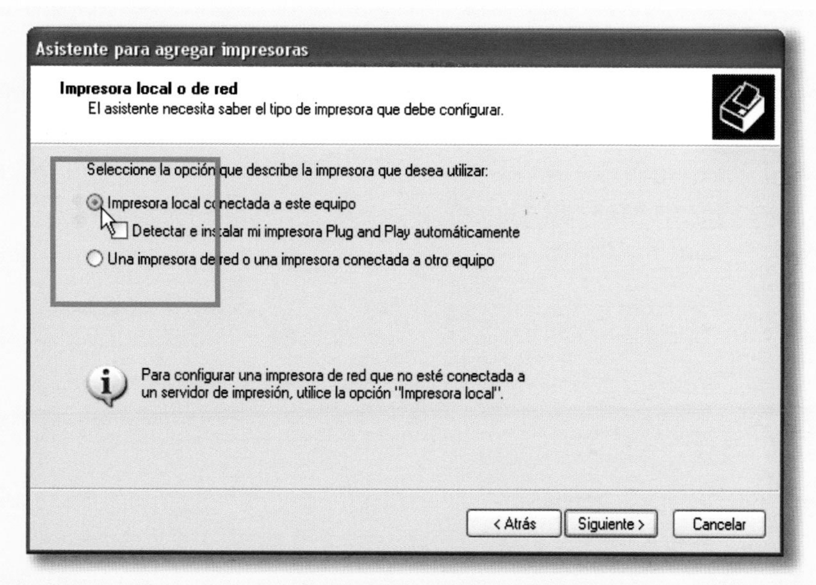

Figura 4.11. La opción impresora local conectada a este equipo viene ya seleccionada.

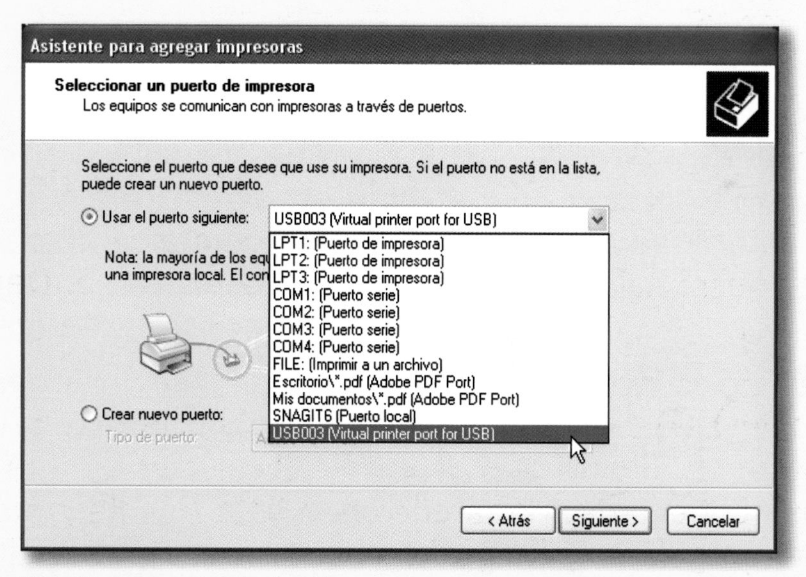

Figura 4.12. Ahora puede indicar el puerto en el conectó la impresora.

Inserte el disco del fabricante en la unidad de CD-ROM y haga clic en el botón **Utilizar disco**, para que Windows localice la información precisa.

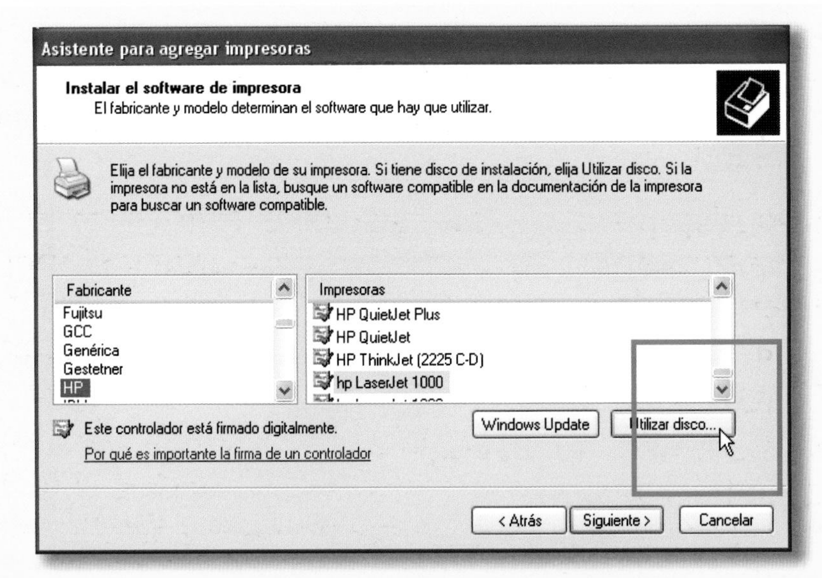

Figura 4.13. La opción Utilizar disco hace que Windows busque en él los datos necesarios.

9. Es posible que tenga que indicar al Asistente cuál es la unidad de disco en la que ha insertado el disco del fabricante. Si el programa no ha encontrado el disco al primer intento, haga clic para desplegar la lista Copiar archivos del fabricante de: y luego seleccione la unidad. Si es la unidad de CD-ROM, normalmente se llamará D o E. Después, haga clic en el botón **Aceptar**.

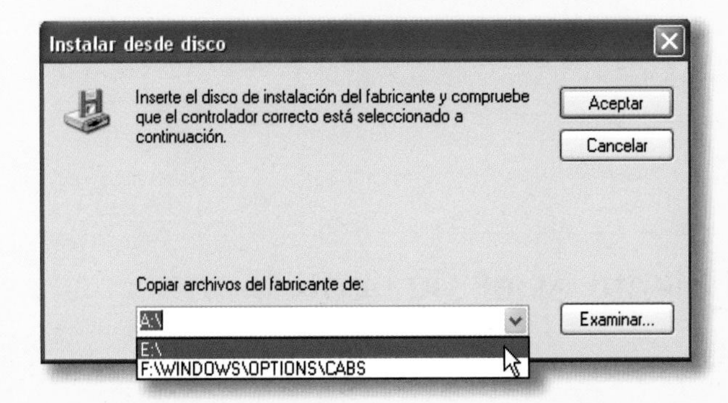

Figura 4.14. A veces hay que indicar al Asistente el nombre de la unidad en la que se encuentra el disco de instalación.

10. Una vez que el Asistente localice los datos en el disco, éstos aparecerán en el cuadro siguiente. Ya sólo tiene que pulsar el botón **Siguiente** para finalizar el proceso de instalación.
11. Si no dispone de disco, localice el fabricante de la impresora en la ventana de la izquierda y el modelo en la ventana de la derecha, como muestra la figura 4.13. Al hacer clic en un fabricante a la izquierda aparecen los modelos a la derecha.
12. El Asistente le ofrecerá la opción de imprimir una página de prueba. Con ello, podrá verificar que la impresora funciona correctamente. Haga clic en **Siguiente** para continuar.
13. Una vez verificado el funcionamiento, pulse **Finalizar**.

Instalar otros accesorios

Si tiene que instalar cualquier otro accesorio en el ordenador, haga doble clic en el icono **Agregar hardware**. El Asistente de Windows le guiará en todo el proceso, que será similar al de la instalación de la impresora.

Instalar programas

PRÁCTICA:

El procedimiento es el siguiente:

1. Para regresar a los iconos del Panel de control desde la ventana de las impresoras, haga clic en el botón **Atrás**, situado en la parte superior izquierda de la ventana.

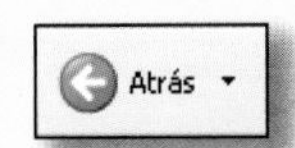

2. Haga doble clic en el icono **Agregar o quitar programas**.
3. Haga clic en el botón **Agregar nuevos programas**.
4. En la siguiente ventana, haga clic en **CD o disquete**.

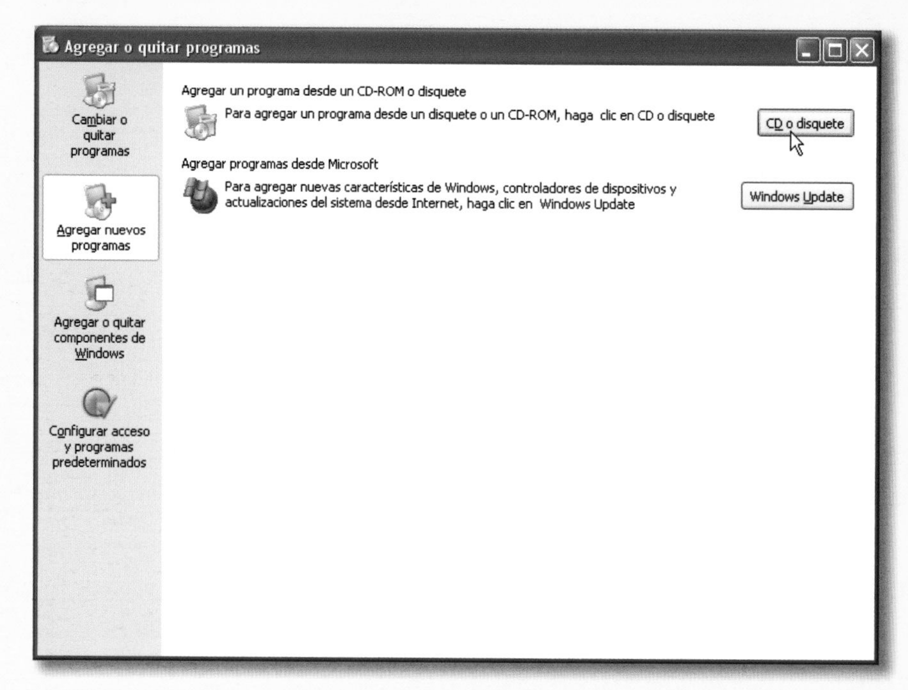

Figura 4.15. El botón Agregar nuevos programas ofrece un Asistente de ayuda.

Instalar componentes de Windows

Aunque Windows XP viene instalado en el equipo, puede quedar algún accesorio o elemento sin instalar, por ejemplo, el Visor del Portapapeles que muestra el contenido copiado al Portapapeles.

PRÁCTICA:

Pruebe a instalar el Visor del Portapapeles de Windows.

1. Haga doble clic en el icono Agregar o quitar programas.
2. Haga clic en el botón **Agregar o quitar componentes de Windows.**
3. Cuando aparezca el Asistente para componentes de Windows, localice en la ventana el componente. Algunos componentes se dividen en subcomponentes. Si selecciona un componente y el botón **Detalles** está activo (si se puede hacer clic en él), eso indica que el componente seleccionado contiene otros, por ejemplo, Accesorios y utilidades. Selecciónelo y haga clic en **Detalles.**

Figura 4.16. El componente Accesorios y utilidades contiene otros elementos.

4. En el cuadro siguiente, seleccione de nuevo la opción Accesorios y utilidades. Observe que el botón **Detalles** continúa activo, lo que significa que aún se puede abrir más. Haga clic en **Detalles**.
5. Por último aparecen todos los subcomponentes del componente Accesorios y utilidades. Junto a cada uno hay una casilla de verificación. Si la casilla está en blanco, el componente no está instalado. Haga clic en la casilla de Visor del Portapapeles para marcarla.

Figura 4.17. Las casillas en blanco indican que el elemento no está instalado.

6. Haga clic en **Aceptar** hasta volver al primer cuadro del Asistente y, en él, haga clic en **Siguiente**.
7. Para instalar el componente, es probable que Windows XP requiera el disco de instalación original. Insértelo en la unidad de CD-ROM si el programa lo pide.

Desinstalar un programa

PRÁCTICA:

Todos los programas se desinstalan con el Panel de control de Windows. Veamos el procedimiento, aunque no es necesario desinstalar realmente programa alguno.

1. Haga doble clic en el icono Agregar o quitar programas.
2. Haga clic en el programa que desee desinstalar.
3. Cuando esté seleccionado, haga clic en el botón **Cambiar o quitar programas**. Siempre aparecerá un cuadro solicitando confirmación, en el que puede seleccionar **Sí** o **No**.

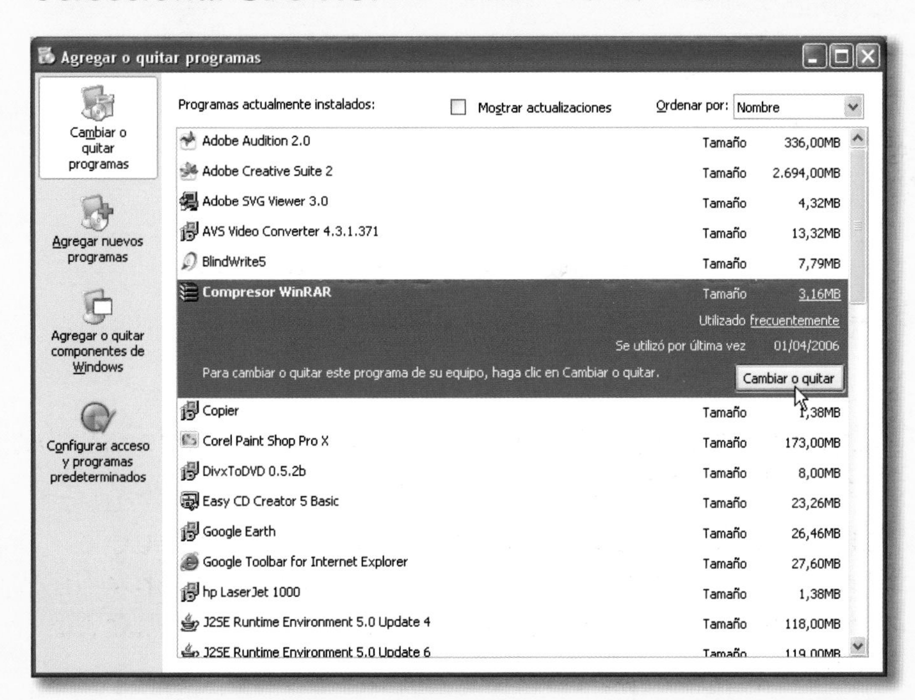

Figura 4.18. El botón Cambiar o quitar programas permite desinstalar un programa.

Errores a evitar

- Nunca se deben borrar programas en lugar de desinstalarlos. Los programas que se instalan no se limitan a copiar archivos en una carpeta, sino que envían rutinas, bibliotecas, vínculos y archivos específicos al Registro de configuraciones de Windows. Todos esos complementos quedan desarraigados y pueden llegar a causar conflictos con otros programas.
- Nunca se debe cancelar un proceso de instalación a medio camino. Es preferible dejar que el proceso termine y luego desinstalarlo, para evitar que queden programas a medio copiar que, antes o después, causarán problemas e impedirán instalar de nuevo ese programa.

APAGAR Y REINICIAR WINDOWS

Después de instalar o desinstalar un programa, suele ser necesario reiniciar Windows. A veces, el reinicio es automático, pero otras veces hay que hacerlo de manera manual.

PRÁCTICA:

Para reiniciar el ordenador, hay que hacer lo siguiente:

1. Haga clic en el botón **Inicio** para desplegar el menú Inicio.
2. Haga clic en Apagar el equipo.
3. Haga clic en el botón **Reiniciar**.

Figura 4.19. Los botones Apagar y Reiniciar.

Windows XP cerrará los programas y elementos que estén funcionando e inmediatamente volverá a ponerlos en marcha.

NOTA: No olvide que la única forma de apagar el equipo debe ser hacer clic en el botón **Apagar** de Windows. Nunca se debe apagar pulsando el botón físico del ordenador. Si el ordenador se bloquea y no responde, pruebe a utilizar el Administrador de tareas. Si tampoco así se desbloquea, pulse el botón físico Reinicio o Reset del ordenador.

El Administrador de tareas

A veces, el ordenador se bloquea y no responde a las instrucciones. Entonces es preciso cerrar la tarea que bloquea el sistema.

PRÁCTICA:

Si su equipo se bloquea y no responde, haga lo siguiente:

1. Sujete con los dedos anular e índice de la mano izquierda las teclas **Control** y **Alt**. Manténgalas oprimidas y pulse la tecla **Supr** con la mano derecha.
2. Cuando aparezca el Administrador de tareas de Windows, seleccione en la ventana la tarea o programa que no responde y haga clic en el botón **Finalizar tarea**.

Figura 4.20. El Administrador de tareas muestra el programa que no responde.

PUESTA EN MARCHA DE UN PROGRAMA

Los programas instalados aparecen en el menú Inicio>Todos los programas. Para poner en marcha un programa hay que localizarlo y hacer clic en él, como hicimos para abrir el

Explorador de Windows. Si un programa no aparece en el menú Inicio, se puede utilizar el menú Ejecutar, siempre y cuando se conozca su ubicación y/o su nombre.

PRÁCTICA:

Pruebe a poner en marcha el Visor del Portapapeles de Windows:

1. Haga clic en Inicio>Ejecutar.
2. Escriba el nombre del programa del Visor del Portapapeles CLIPBRD, en la casilla Abrir y haga clic en **Aceptar**.

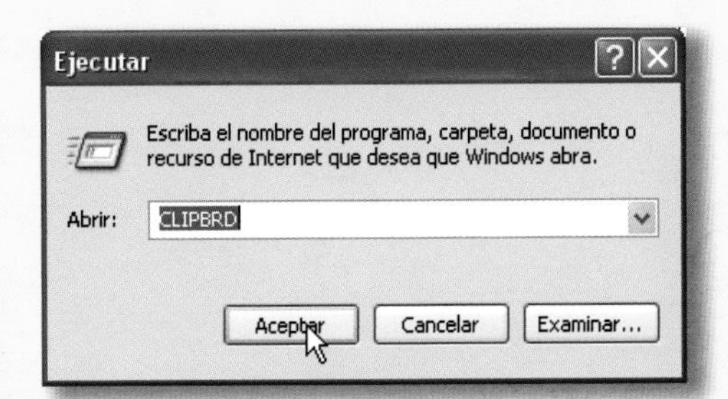

Figura 4.21. El cuadro de diálogo Ejecutar pone en marcha los programas que no aparecen en el menú Inicio.

5

Herramientas y accesorios de Windows XP

Windows XP ofrece numerosas herramientas y accesorios de gran utilidad.

LA BARRA DE TAREAS

La barra de tareas de Windows incluye algunas barras de herramientas.

PRÁCTICA:

Examine las barras de herramientas de la barra de tareas.

1. Haga clic con el botón derecho del ratón en una zona en blanco de la barra de tareas.
2. Haga clic, ahora con el botón izquierdo, en la opción Barras de herramientas.

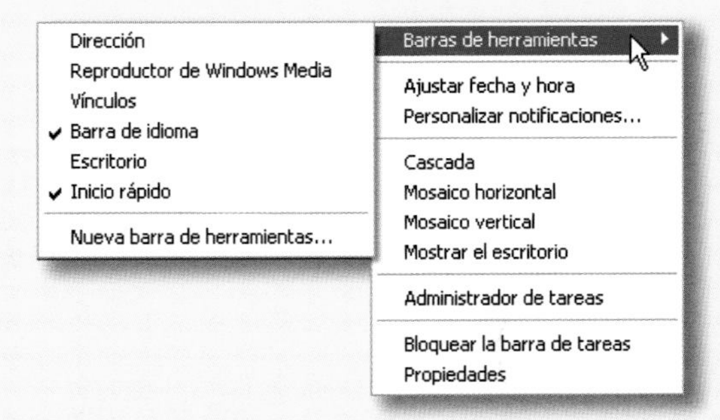

Figura 5.1. La barra de tareas contiene varias barras de herramientas.

La Barra Inicio rápido

En la figura 5.1 puede verse que algunas barras de herramientas llevan una marca, mientras que otras no la llevan. Las que llevan marca están activas y visibles, como la barra Inicio rápido. Esta barra se sitúa junto al botón **Inicio**, a la izquierda de la barra de tareas, y contiene iconos de algunos programas que se inician rápidamente haciendo clic.

Figura 5.2. La Barra Inicio rápido contiene varios iconos.

PRÁCTICA:

Pruebe a ocultar la Barra Inicio rápido haciendo clic en la opción Inicio rápido del menú anterior, para eliminar la marca.

La Barra de idioma

A la derecha de la barra de tareas, junto al reloj, está la Barra de idioma. El idioma predeterminado es Español (alfabetización internacional).

PRÁCTICA:

Compruebe el idioma que figura en la Barra de idioma, aproximando el puntero del ratón, sin hacer clic.

1. Pruebe a hacer clic en la Barra de idioma para ver las opciones.
2. Haga clic en la opción Mostrar Barra de idioma.
3. La Barra de idioma se situará en la parte superior derecha del Escritorio. Ahora tiene dos pequeños botones en los que puede hacer clic. Haga clic en el botón **Opciones**, la pequeña flecha abajo para desplegar el menú, y después haga clic en Configuración.
4. Este cuadro permite cambiar el idioma predeterminado, seleccionándolo en la lista.
5. Para que la Barra de idioma vuelva a su posición inicial en la barra de tareas, haga clic en el botón **Minimizar**.

Figura 5.3. El botón Minimizar de la Barra de idioma.

Control del volumen

El control del volumen de sonido se encuentra también en la barra de tareas. Es un icono con un pequeño dibujo que representa un altavoz. Se encuentra junto al reloj.

NOTA: Si no aparece el icono del altavoz o cualquier otro de los iconos de la barra de tareas, es porque están ocultos. Para hacerlos visibles, haga clic en el botón **Mostrar iconos ocultos**, un botón redondo con un paréntesis angular.

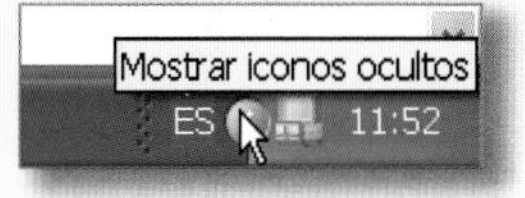

PRÁCTICA:

Pruebe a hacer clic sobre el altavoz para desplegar el control de sonido. Haga clic en el control deslizante y, sin soltar el botón izquierdo del ratón, arrástrelo hacia arriba para aumentar el volumen o hacia abajo para disminuirlo.

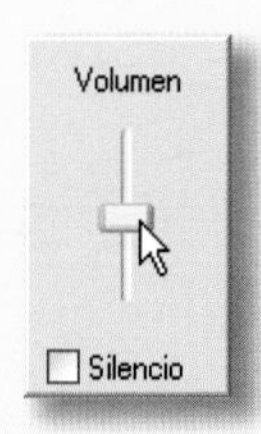

PRÁCTICA:

Pruebe ahora a hacer clic en el mismo icono, pero esta vez con el botón derecho del ratón. Observe que se despliega un menú emergente. Haga clic en la opción Abrir controles de volumen. Se abrirá una ventana con todos los controles de sonido.

Pruebe también a abrir esta ventana haciendo doble clic en el icono en forma de altavoz.

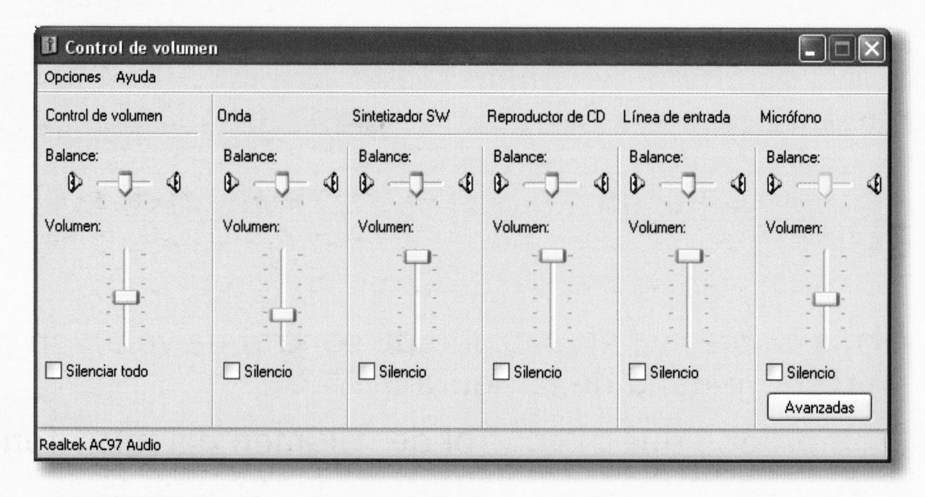

Figura 5.4. Todos los controles de sonido.

PRÁCTICA:

Observe que los controles llevan una casilla de verificación llamada Silencio que no debe estar marcada. Pruebe a hacer clic en ella para marcarla. Su ordenador no producirá sonido alguno. Para quitar la marca, sólo tiene que volver a hacer clic en ella.

LOS ACCESORIOS DE WINDOWS

La grabadora de sonidos

Windows XP trae incorporado un dispositivo virtual que permite grabar sonido con un micrófono. Si dispone de un micrófono que pueda conectar al ordenador, es decir, que tenga un conector apto para insertarlo en uno de los puertos de audio del ordenador, puede realizar la siguiente prueba de grabación de voz.

PRÁCTICA:

Pruebe a grabar una frase con la grabadora de Windows.

1. Conecte el micrófono al puerto de audio correspondiente. Suele estar junto al puerto de los altavoces y puede llevar un pequeño dibujo en forma de micrófono.
2. Haga doble clic en el icono de control de volumen para abrir la ventana de la figura 5.4.
3. Compruebe que el control de volumen del micrófono está bien situado. No debe estar al máximo ni al mínimo de volumen, sino hacia el medio. El control del micrófono está situado a la derecha.

4. Haga clic en Inicio>Todos los programas>Accesorios> Entretenimiento>Grabadora de sonidos.

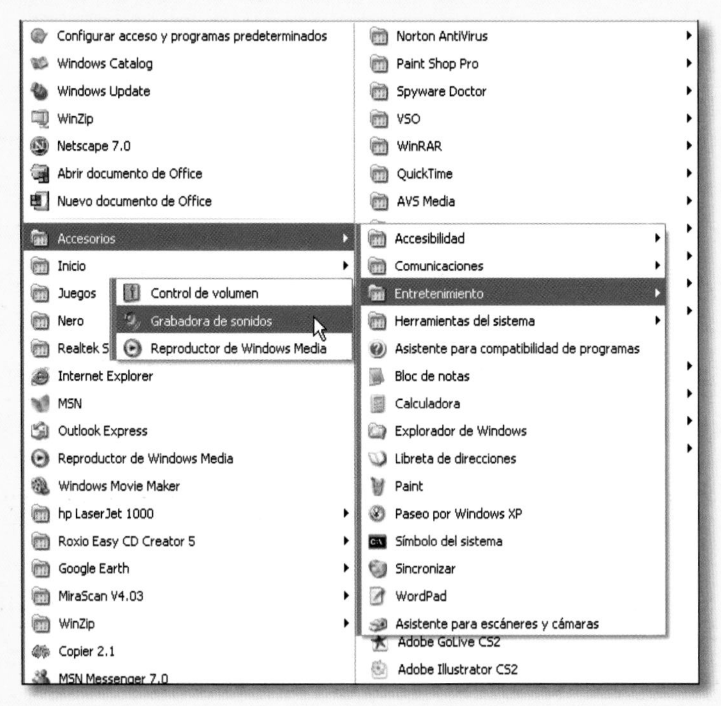

Figura 5.5. La Grabadora de sonidos está en el submenú Accesorios.

5. Cuando aparezca en la pantalla la Grabadora de sonidos de Windows, haga clic en el botón rojo para empezar a grabar.
6. Aproxímese al micrófono, dejando unos 15 centímetros de distancia, y diga una frase cualquiera, por ejemplo, "Con la grabadora de Windows, puedo grabar mi voz en el ordenador". Observe que, mientras habla, la Grabadora mostrará la onda sonora de color verde en la pequeña pantalla (véase la figura 5.6).
7. Cuando termine de hablar, haga clic en el botón **Detener**, que tiene un cuadro negro.

Figura 5.6. La Grabadora muestra la onda del sonido al hablar.

8. Para escuchar la grabación, haga clic en el botón **Reproducir**, que tiene una flecha a la derecha. Observe que hay dos botones para rebobinar y avanzar, como en un reproductor electrónico. Si lo desea, haga clic en el menú Efectos>Agregar eco, para añadir eco a su voz.
9. Para guardar la grabación, haga clic en el menú Archivo>Guardar.
10. En el cuadro de diálogo Guardar como, haga clic en la flecha que hay junto a la casilla Guardar en, para desplegar la lista.
11. Localice una carpeta en la lista, por ejemplo, Mis documentos.
12. En la casilla Nombre, escriba un nombre para el archivo, por ejemplo, Prueba de grabacion. No ponga acentos ni puntos ni signos que no sean letras o números. Windows se encargará de darle la terminación WAV que es la que corresponde a los archivos de sonido (véase la figura 5.7).
13. Haga clic en el botón **Guardar**.
14. Cuando quiera reproducir la grabación, sólo tendrá que acceder con Mi PC o el Explorador de Windows al archivo guardado en la carpeta Mis documentos (o en la que usted haya elegido) y hacer doble clic en el archivo Prueba de grabacion.WAV.

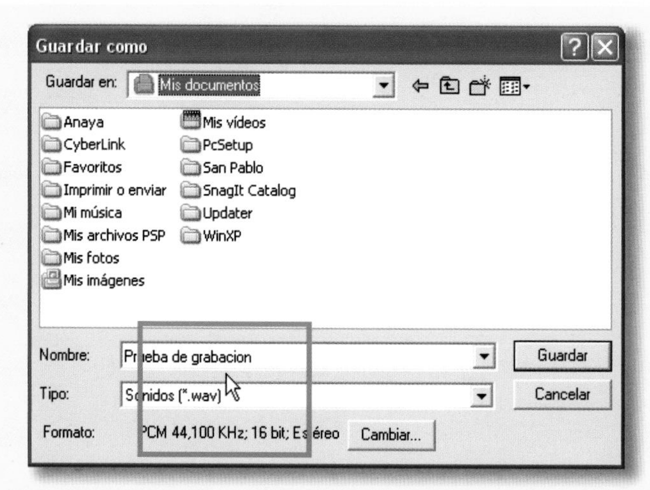

Figura 5.7. El nombre del archivo no debe llevar puntos ni signos. Sólo letras o números.

El Reproductor de Windows Media

Windows XP trae un accesorio para reproducir y grabar sonido y para reproducir vídeo. Es el Reproductor de Windows Media, que se pone en marcha automáticamente al introducir un disco de sonido o vídeo en la unidad de CD-ROM del ordenador.

PRÁCTICA:

Pruebe las prestaciones del Reproductor de Windows Media.

1. Si Windows ha colocado en su Escritorio un icono de acceso directo para el Reproductor de Windows Media, haga doble clic en él. De lo contrario, haga clic en Inicio>Todos los programas>Accesorios>Entretenimiento>Reproductor de Windows Media.

   Reproductor de Windows Media

2. En la ventana del Reproductor de Windows Media, haga clic en el menú Archivo>Abrir.

3. En el cuadro de diálogo Abrir, haga clic en la lista Buscar en para desplegarla.

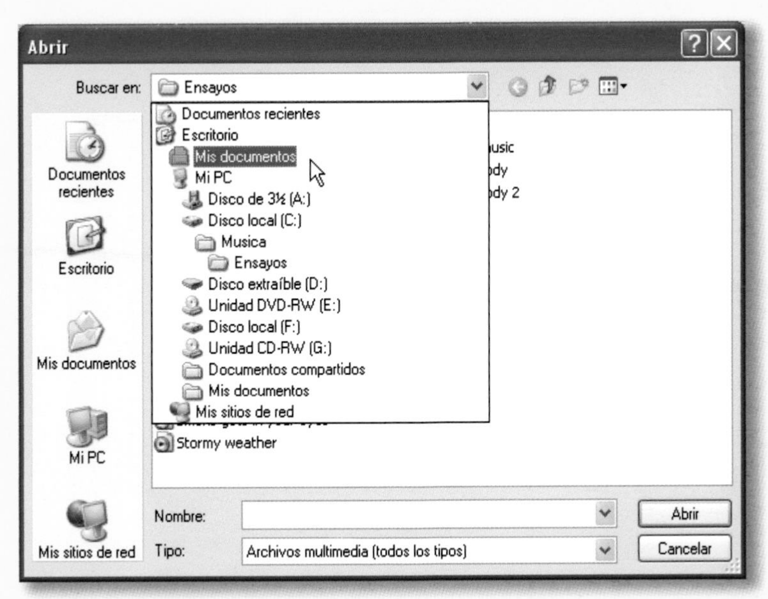

Figura 5.8. La lista Buscar en permite localizar carpetas y archivos.

4. Haga clic en la carpeta Mis documentos.
5. Haga clic en el archivo de sonido que hemos grabado anteriormente. Se llama Prueba de grabacion.
6. Cuando Prueba de grabacion aparezca en la casilla Nombre, haga clic en el botón **Abrir**.
7. El Reproductor de Windows Media iniciará la reproducción del archivo Prueba de grabacion.

Observe el Reproductor de Windows Media en la figura 5.9. En la parte inferior hay botones llamados **Reproducir**, **Detener**, **Anterior**, **Siguiente**, **Silencio** y un botón **Volumen**, como en un reproductor electrónico físico. Además de estos botones, hay un menú que permite controlar la reproducción de un CD de música o un DVD de vídeo.

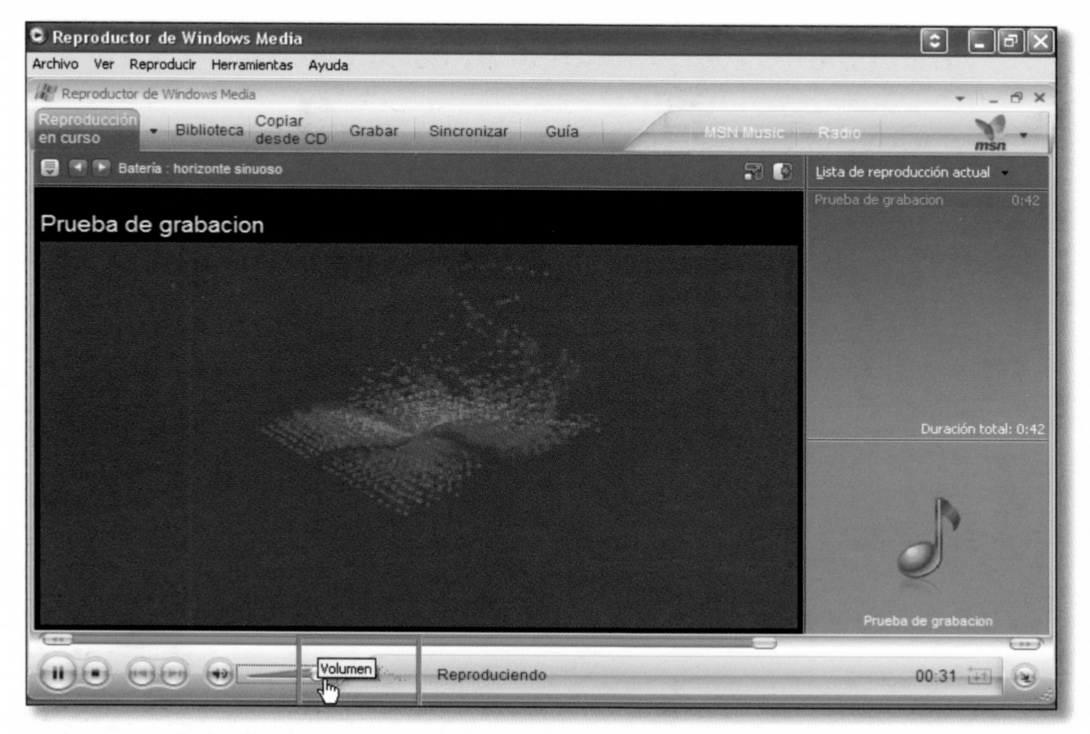

Figura 5.9. La prueba de grabación se escucha en el Reproductor de Windows Media.

Reproducir un DVD

PRÁCTICA:

Pruebe a reproducir un DVD en el Reproductor de Windows Media.

1. Ponga en marcha el Reproductor de Windows Media.
2. Inserte un DVD en la unidad correspondiente.
3. Haga clic en el botón **Obtener acceso a menús de aplicación**, que tiene una flecha hacia abajo. Es el primero de los cuatro botones situados en la parte superior derecha de la ventana.

4. Una vez desplegado el menú, haga clic en la opción Reproducir y, después, en DVD o CD de audio. Si hay más de una unidad de CD instalada, selecciónela en el mismo menú.

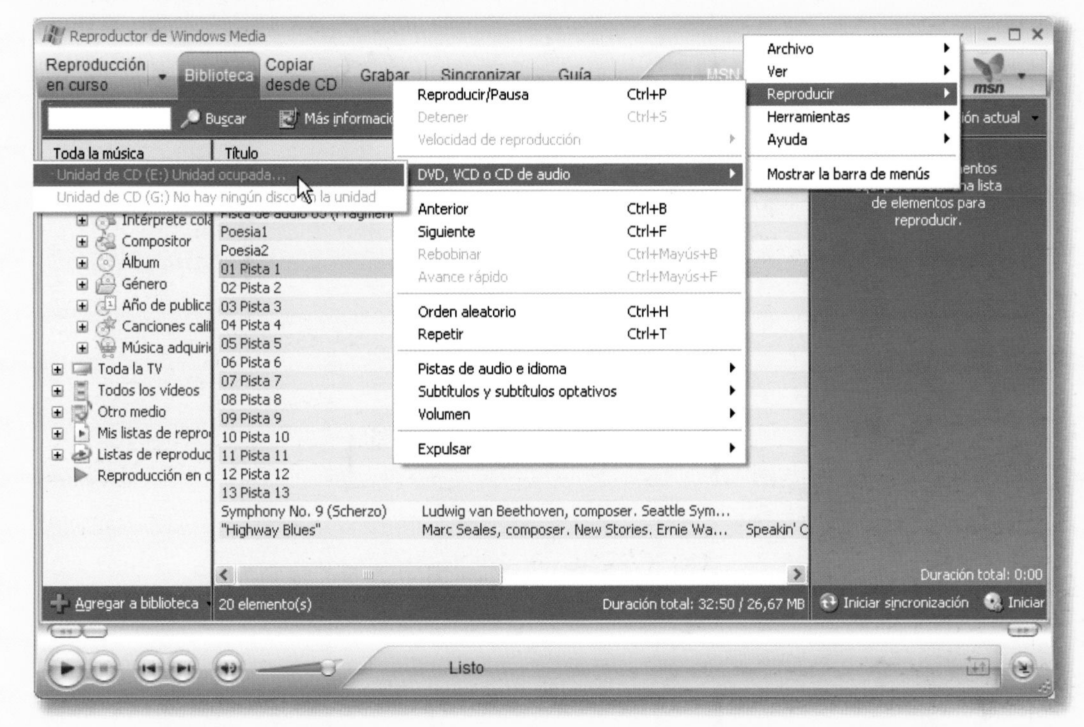

Figura 5.10. El menú para reproducir discos o DVD.

5. Para ver mejor el DVD, haga clic en el menú Ver>Pantalla completa. Aunque el vídeo se vea en toda la pantalla, podrá controlar la reproducción con los botones, como muestra la figura 5.11.

También podrá acceder al menú que controla la reproducción, haciendo clic en el botón **Menú** que aparece en la esquina superior izquierda de la pantalla.

Figura 5.11. El DVD en vista Pantalla completa.

Copiar un disco de música

PRÁCTICA:

Pruebe a hacer una copia de seguridad de un CD de música.

1. Inserte el CD a copiar en la unidad de CD-ROM. El Reproductor de Windows Media se pondrá en marcha para reproducir el disco.
2. Haga clic en el botón **Obtener acceso a menús de aplicación**. Es el mismo utilizado en el ejercicio anterior para desplegar el menú Reproducir.

3. Cuando se despliegue el menú, haga clic en Archivo y después en CD y dispositivos>Copiar CD de audio>Unidad de CD (la unidad en la que se encuentre el disco a copiar).

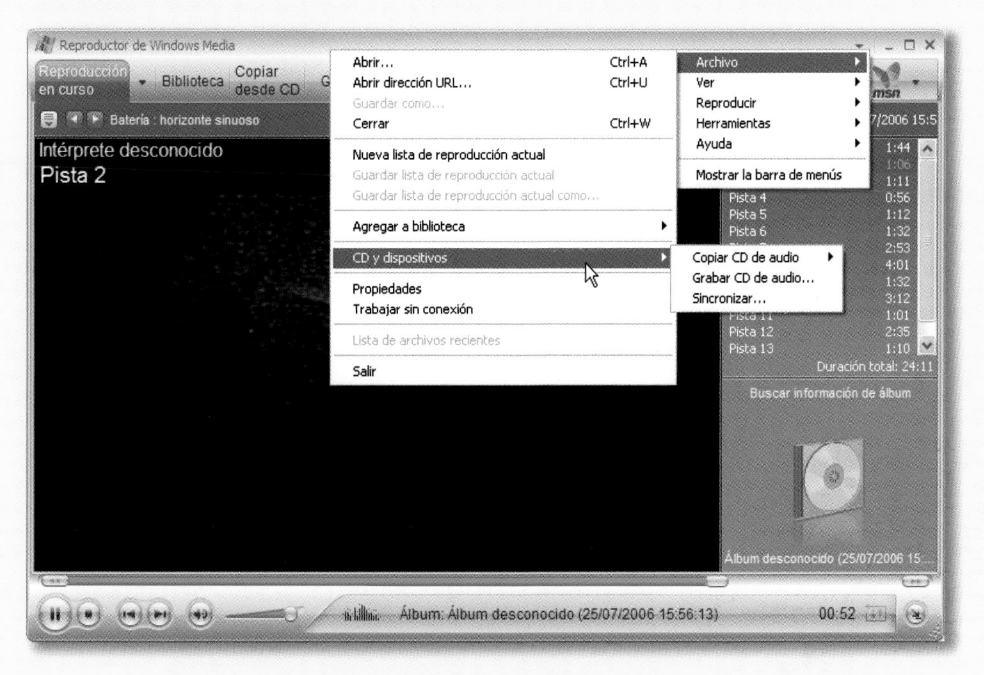

Figura 5.12. El menú para copiar el disco.

4. El Reproductor mostrará la ventana Copiar música desde CD con las pistas del CD a copiar. Observe que junto a cada una hay una casilla de verificación que puede desactivar (haciendo clic en ella) si no desea copiarla. Haga clic en el botón **Copiar música desde CD** (véase la figura 5.13).
5. Las pistas copiadas se almacenarán en la carpeta Mi música, dentro de la carpeta Mis documentos.
6. Una vez las pistas grabadas, debe darles un nombre para convertirlas en una lista de reproducción y grabación. Haga clic de nuevo en el botón **Obtener acceso a menús de aplicación** y, cuando se despliegue el menú, haga clic en Archivo>Lista de reproducción actual.

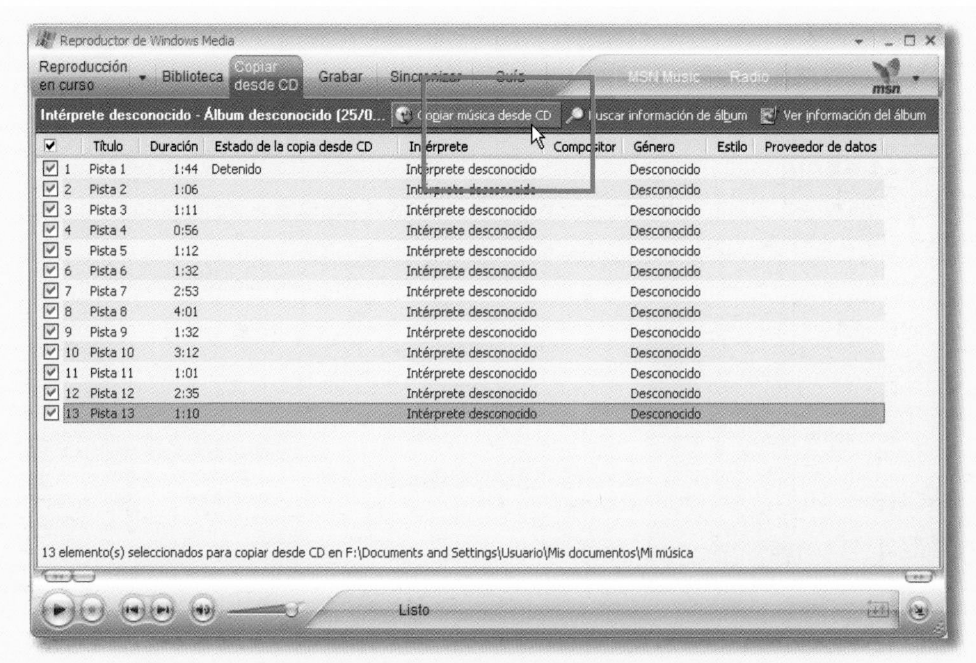

Figura 5.13. El botón Copiar música desde CD.

7. Cuando el Reproductor presente la Biblioteca, observe que las pistas aparecerán a la izquierda, junto con otras posibles pistas anteriores, y el panel de la derecha indicará que debe arrastrar a él las pistas que hayan de formar una lista de reproducción. Seleccione las pistas haciendo clic en la primera y manteniendo oprimida la tecla **Mayús** (del teclado) mientras hace clic en la última.
8. Cuando todas las pistas estén seleccionadas y aparezcan de color más oscuro, haga clic en el grupo y, sin dejar de pulsar el botón izquierdo del ratón, arrástrelo hasta la derecha (véase la figura 5.14).
9. Cuando las pistas aparezcan a la derecha, empezará a reproducirse la primera. Haga clic de nuevo en el botón **Obtener acceso a menús de aplicación** y, cuando se despliegue el menú, haga clic en Archivo>Guardar lista de reproducción actual como.

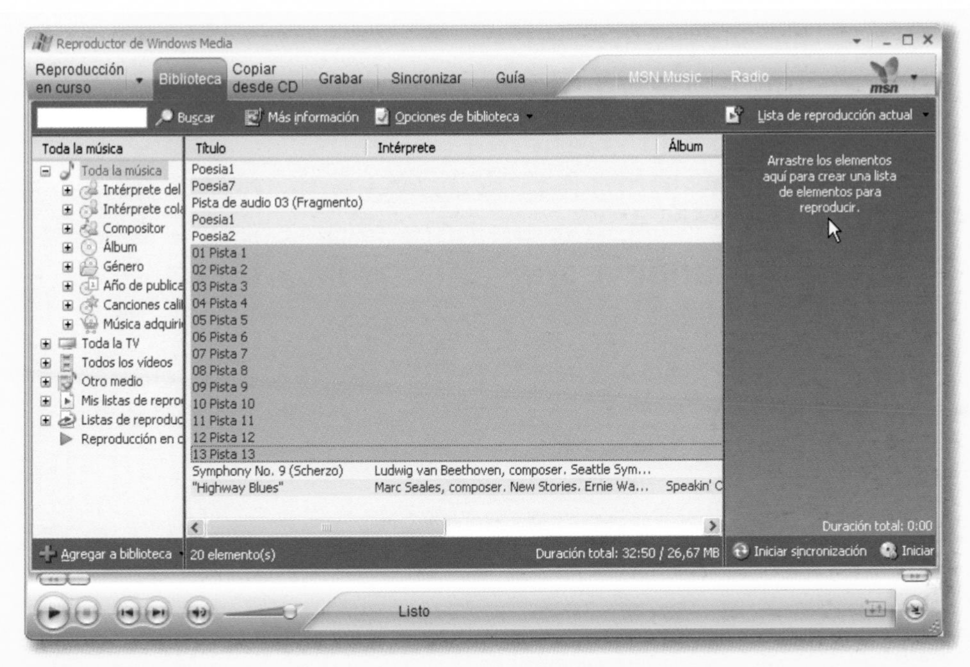

Figura 5.14. Hay que arrastrar las pistas seleccionadas a la derecha.

10. En el cuadro de diálogo Guardar como, aparecerá seleccionada la carpeta My Playlists (mis listas de reproducción), que es donde debe guardarse la nueva lista. Escriba un nombre y haga clic en el botón **Guardar**.

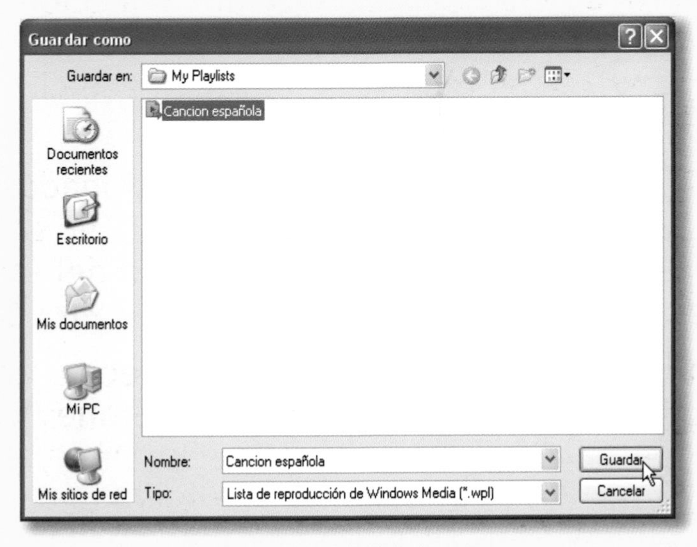

Figura 5.15. Las listas de reproducción se almacenan en My Playlists.

11. Haga clic en la pestaña Grabar del Reproductor de Windows Media.
12. Observe la zona izquierda del Reproductor. Junto a la etiqueta que indica Lista de grabación, hay un botón con cabeza de flecha triangular que apunta hacia la derecha. Haga clic en él.

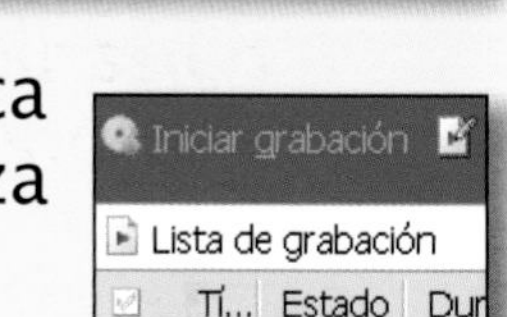

13. Cuando se desplieguen todas las listas disponibles, haga clic en la que acaba de guardar. En la figura 5.16 aparece como Canción española.

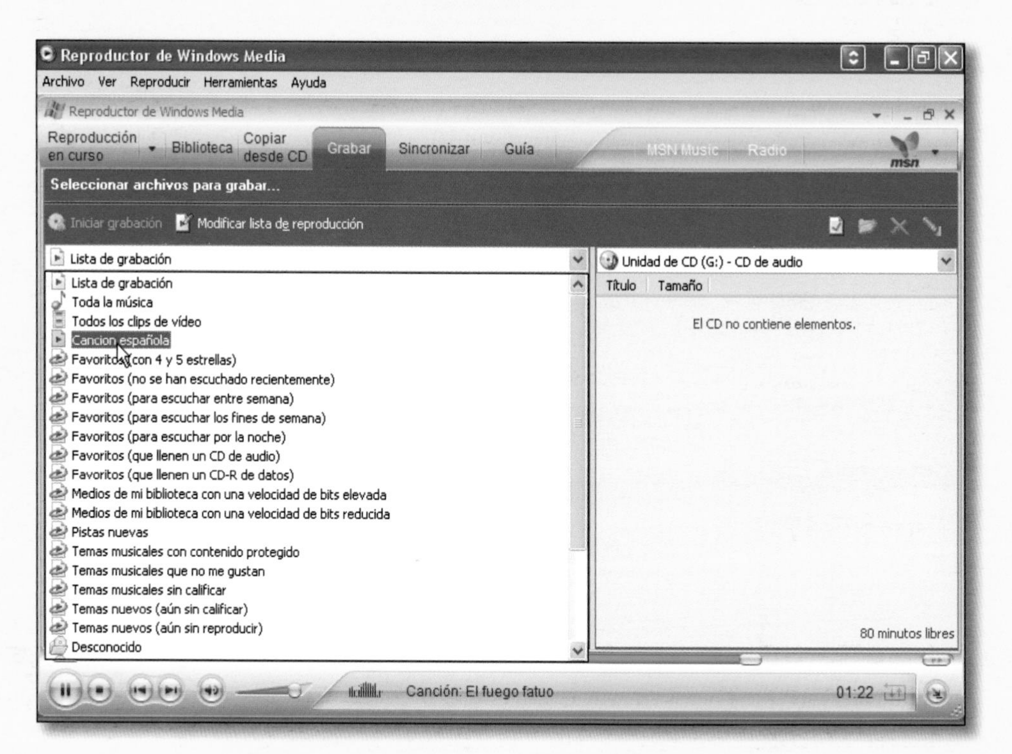

Figura 5.16. La lista de reproducción es ahora una lista de grabación.

14. Para ordenar las pistas a su gusto, haga clic, esta vez con el botón derecho del ratón, en una de ellas y observe el menú emergente. Hay una opción Subir y otra Bajar, para colocar la pista más arriba o más abajo.

Cada vez que haga clic en Subir o en Bajar, la pista ascenderá o descenderá una posición en la lista. Hay una opción Quitar de la lista para eliminar la pista (sin borrarla) y no grabarla. Si desea escuchar alguna para asegurarse, haga clic en la opción Reproducir.

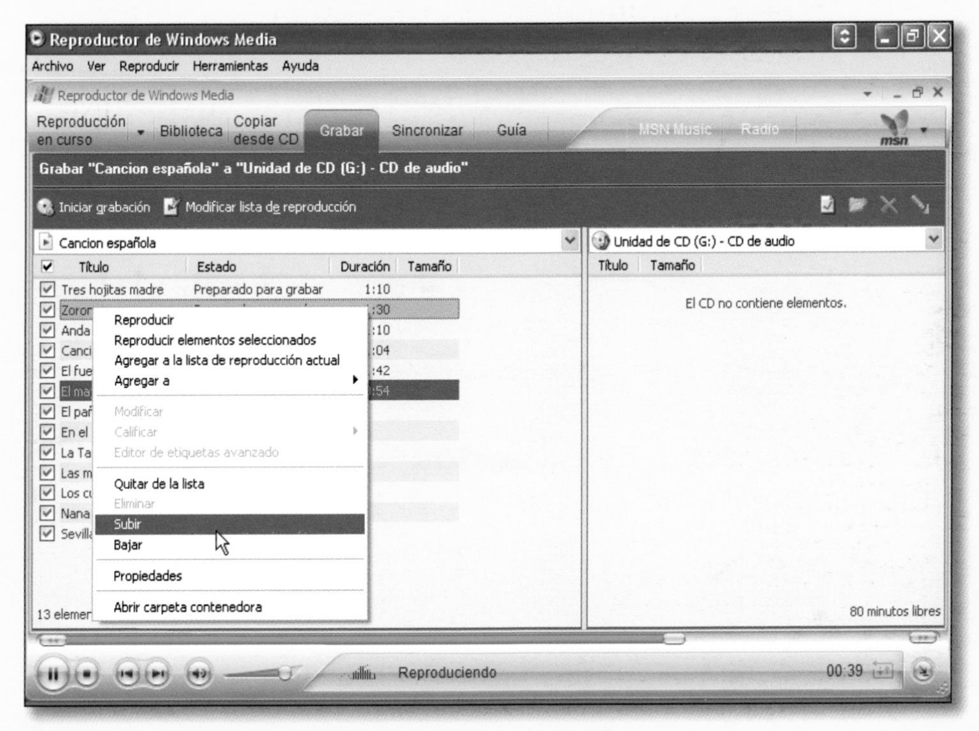

Figura 5.17. El menú emergente del botón derecho permite ordenar la lista.

15. Inserte un disco en blanco en la unidad de CD y haga clic en el botón **Iniciar grabación**. Está situado exactamente encima del botón triangular que abrió las listas de grabación. Aunque el programa indique que alguna pista puede no caber, no se preocupe de momento.

16. El programa recorrerá las pistas y las convertirá al formato de grabación de CD. Junto a cada pista, irá indicando la duración. Si no hay espacio suficiente en el

disco para grabar alguna, lo advertirá al final. Mientras las convierte, la ventana de la derecha mostrará el mensaje "Grabación en curso".

17. La información que aparece junto a cada pista se irá modificando a lo largo del proceso. Primero indicará "Convirtiendo", después "Convertido", a continuación "Grabando en el CD", luego "Completado". Cuando finalice la grabación, el mensaje indicará "Cerrando el disco". Cuando termine la grabación y el disco quede apto para escuchar en un reproductor cualquiera de CD, se abrirá la bandeja.

La calculadora

La calculadora es otro de los accesorios de Windows.

PRÁCTICA:

Pruebe a hacer un cálculo sencillo con la calculadora de Windows.

1. Haga clic en Inicio>Todos los programas>Accesorios> Calculadora.
2. Haga clic en los números **3**, **4**, **7** de la Calculadora o del teclado del ordenador.
3. Haga clic en el botón + de la calculadora o pulse la tecla + del teclado del ordenador.
4. Escriba el segundo operando **6**, **7**, **2** en la Calculadora o en el teclado.
5. Haga clic en el signo = de la Calculadora o del teclado del ordenador.

6. Haga clic en **C** o pulse la tecla **Supr** del teclado, para poner la Calculadora a 0.

Figura 5.18. La calculadora de Windows.

Pegar el resultado de la Calculadora en el Bloc de notas

PRÁCTICA:

Pruebe a pegar el resultado de la Calculadora en el Bloc de notas de Windows:

1. Haga clic en los números **2**, **5**, **4**, **5**.
2. Haga clic en el signo de multiplicar (*).
3. Haga clic en el número **8**.
4. Haga clic en el signo igual (=).
5. Haga clic en el menú Edición>Copiar. El resultado quedará copiado en el Portapapeles de Windows.
6. Haga clic en el botón **Inicio** de Windows y, después en Todos los programas>Accesorios>Bloc de notas.
7. Cuando se abra el Bloc de notas, haga clic en el menú Edición>Pegar. El resultado de la Calculadora aparecerá en la ventana del Bloc de notas.

6

Escribir y dibujar con Windows XP

Windows XP trae dos potentes herramientas que permiten crear documentos y dibujos: son WordPad y Paint. Ambos se encuentran en el menú Accesorios.

EL TRABAJO CON DOCUMENTOS EN WORDPAD

WordPad es un procesador de textos con numerosas prestaciones que hacen muy fácil la tarea de crear y manipular documentos de texto.

PRÁCTICA:

Pruebe a crear un documento con WordPad:

1. Haga clic en Inicio>Todos los programas>Accesorios>WordPad.
2. Escriba el título del texto.
3. Pulse la tecla **Intro** para insertar un retorno de carro y escriba un texto de una o dos líneas. Observe que al llegar al final de la pantalla, la escritura pasa automáticamente a la línea siguiente. Pulse la tecla **Intro** sólo si precisa insertar un punto y aparte.
   - Para borrar una letra o una palabra, haga clic al final y pulse la tecla **Retroceso** (del teclado).
   - También puede seleccionar la letra o palabra a borrar, arrastrando el ratón sobre ella y pulsando la tecla **Supr** (del teclado).
   - Para insertar una tabulación, pulse la tecla **Tab** (del teclado).

4. Para guardar el texto haga clic en Archivo>Guardar como.
5. Escriba el título del documento, por ejemplo, Documento de prueba, en la casilla Nombre del cuadro de diálogo Guardar como y haga clic en el botón **Guardar**. Si prefiere guardarlo en otra carpeta que Mis documentos, haga clic en Guardar en y seleccione la carpeta en la lista desplegable.

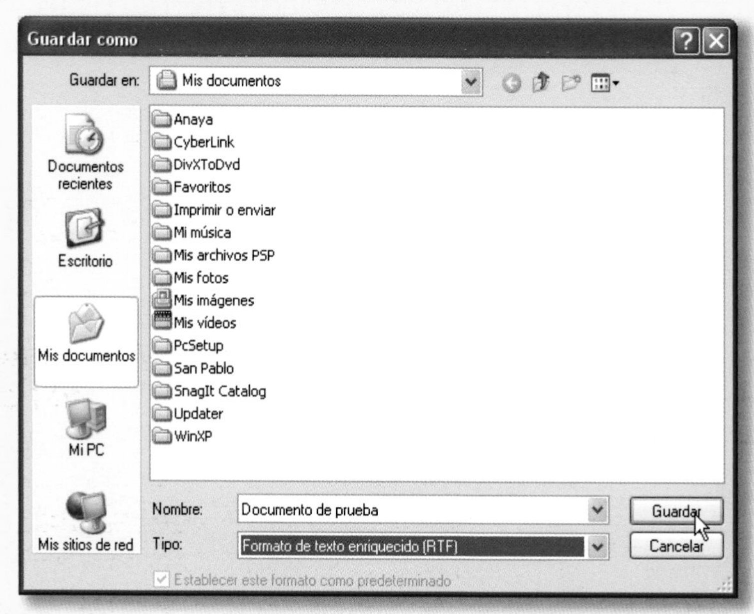

Figura 6.1. El cuadro de diálogo Guardar como.

Seleccionar y formatear texto

PRÁCTICA:

Pruebe ahora a seleccionar y formatear el texto.

- Para seleccionar un párrafo solamente hay que hacer clic en cualquier lugar del párrafo.

1. Seleccione el párrafo del título haciendo clic en cualquier lugar del párrafo.
2. Haga clic en el botón **Centrar**, de la barra de herramientas, como muestra la figura 6.2.

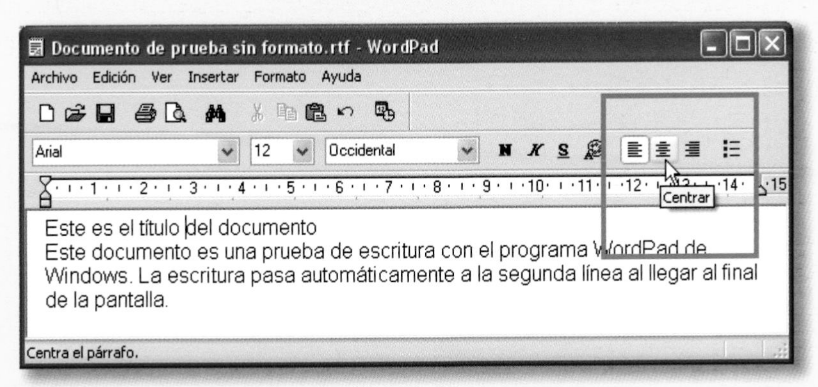

Figura 6.2. El botón Centrar centra el texto en la página.

- Para seleccionar un trozo de texto hay que hacer clic al principio, arrastrar el ratón y soltarlo al final del texto a seleccionar.

1. Haga clic al principio del texto del título, mantenga pulsado el ratón y arrástrelo hasta el final.
2. Con el texto siempre seleccionado, haga clic en el botón **Tamaño de la fuente**, como muestra la figura 6.3. Haga clic en 14, para agrandar la letra.
3. Haga clic en la lista Fuente para desplegarla y elija un tipo de letra para el título, haciendo clic en ella, por ejemplo, Verdana o Tahoma.

- Para seleccionar una palabra hay que hacer doble clic en ella.

1. Seleccione ahora una palabra que desee resaltar en el texto del párrafo, haciendo doble clic en ella.

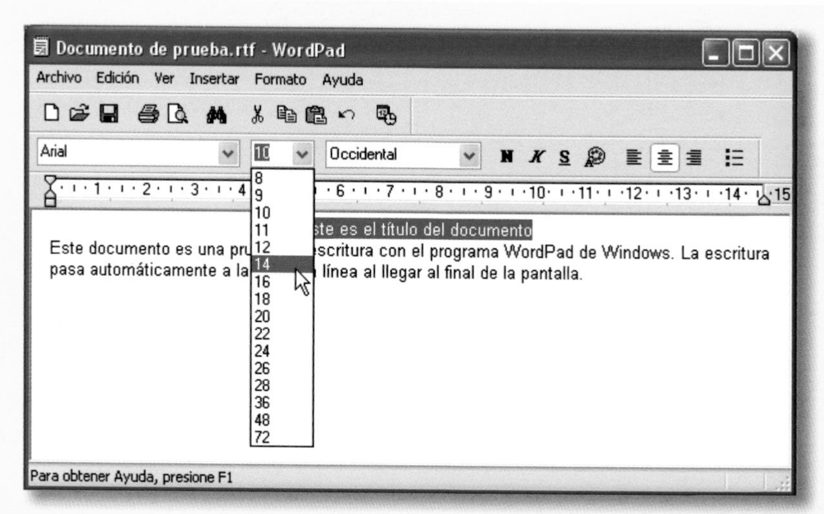

Figura 6.3. El botón Tamaño de la fuente aumenta o reduce el tamaño de la letra.

2. Haga clic en el botón **Negrita** de la barra de herramientas, como muestra la figura 6.4.

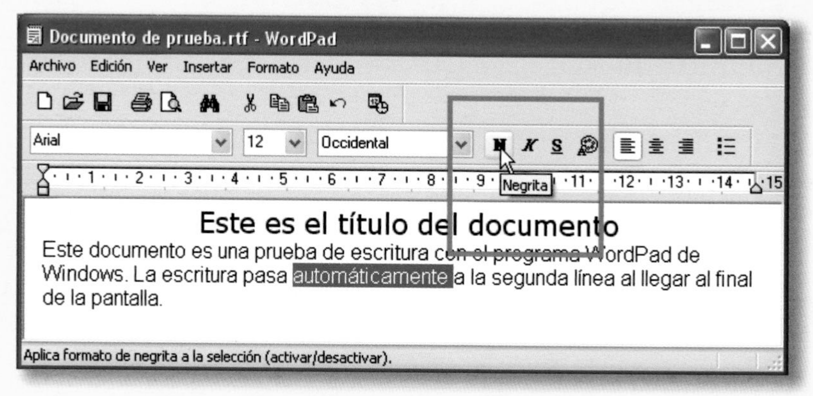

Figura 6.4. El botón Negrita.

El mapa de caracteres

Si necesita utilizar un carácter que no se encuentre en el teclado, puede insertarlo a partir del Mapa de caracteres, por ejemplo, el signo del Copyright.

PRÁCTICA:

El mapa de caracteres se encuentra en el menú Inicio> Todos los programas>Accesorios>Herramientas del sistema> Mapa de caracteres.

1. Abra el Mapa de caracteres y localice el carácter a copiar, por ejemplo, Signo del Copyright, es decir, la propiedad intelectual. Al hacer clic en él se ampliará como muestra la figura 6.5.

Figura 6.5. El Signo del Copyright se copia al Portapapeles de Windows.

2. Haga clic en el botón **Seleccionar** y después en el botón **Copiar**.
3. Haga clic en el lugar de la página en que quiera insertar el signo del Copyright. Si desea separarlo más del texto anterior, pulse la tecla **Intro** tantas veces como líneas en blanco quiera insertar.
4. Haga clic en el botón **Pegar**, de la barra de herramientas.

Figura 6.6. El botón Pegar equivale al comando de menú Edición>Pegar.

5. Haga clic a continuación del signo del Copyright y escriba su nombre o un nombre cualquiera de autor del texto.
6. Seleccione el signo del Copyright haciendo doble clic en él.
7. Haga clic en **Tamaño de fuente** y amplíelo al tamaño 20.

Cortar y pegar

WordPad permite copiar, cortar y pegar texto como hicimos en el capítulo 4 con archivos y carpetas. Para ello, se puede utilizar el menú Edición o bien los botones de la barra de herramientas.

PRÁCTICA:

Pruebe a cortar el carácter insertado y a copiarlo en otro lugar.

1. Seleccione el Signo de marca registrada y haga clic en el botón **Cortar** que tiene unas tijeras.

2. Haga clic en otro lugar del documento y después en el botón **Pegar**.

Borrar y deshacer

PRÁCTICA:

1. Pruebe ahora a borrar el carácter, seleccionándolo y pulsando la tecla **Supr**.
2. Ahora puede deshacer lo hecho haciendo clic en Edición>Deshacer o en el botón **Deshacer**.

Nota: Para deshacer más de una acción, pulse repetidas veces el botón **Deshacer**. Siempre deshará la última de la lista.

3. Para guardar los cambios haga clic en el botón **Guardar** de la barra de herramientas.

Imprimir el texto de WordPad

PRÁCTICA:

Ponga en marcha la impresora para imprimir el texto.

1. Haga clic en el menú Archivo>Vista preliminar.

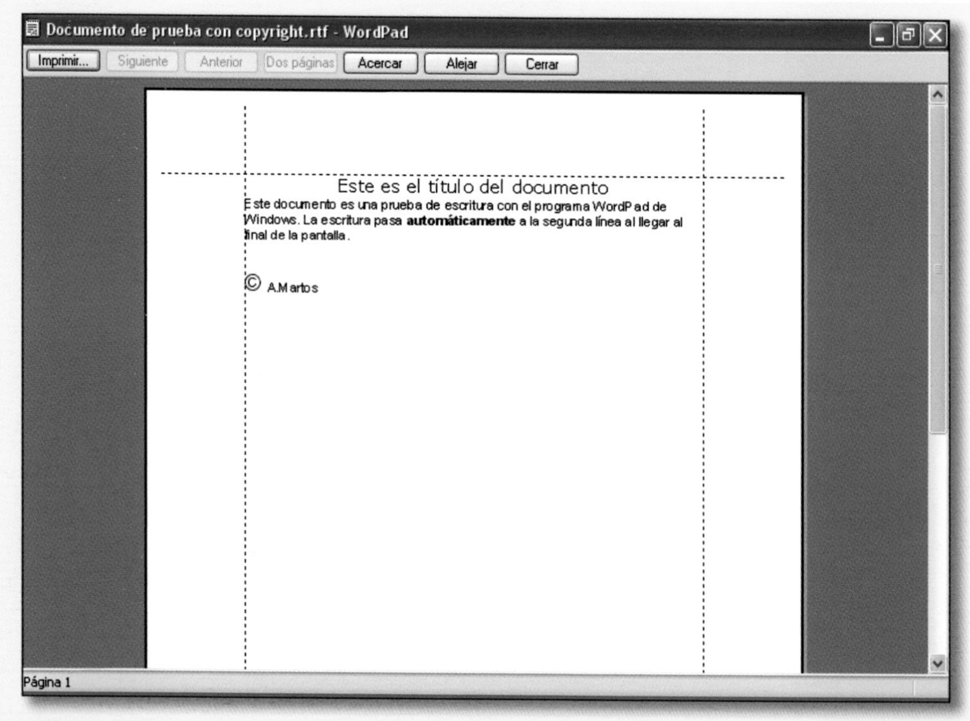

Figura 6.7. La Vista preliminar ofrece una idea de cómo se imprimirá el documento.

2. Haga clic en el botón **Acercar** para ver el texto más cerca.
3. Si es correcto, haga clic en el botón **Imprimir**. De lo contrario, haga clic en **Cerrar** para volver a WordPad y reorganizar el documento.
4. Si los márgenes son incorrectos, haga clic en el menú Archivo>Configurar página.
5. En el cuadro de diálogo Configurar página, corrija los márgenes o seleccione el tamaño adecuado del papel. Haga clic en **Aceptar** (véase la figura 6.8).
6. En la barra de herramientas de WordPad, haga clic en el botón **Imprimir**.
7. Para salir de WordPad haga clic en Archivo>Salir.

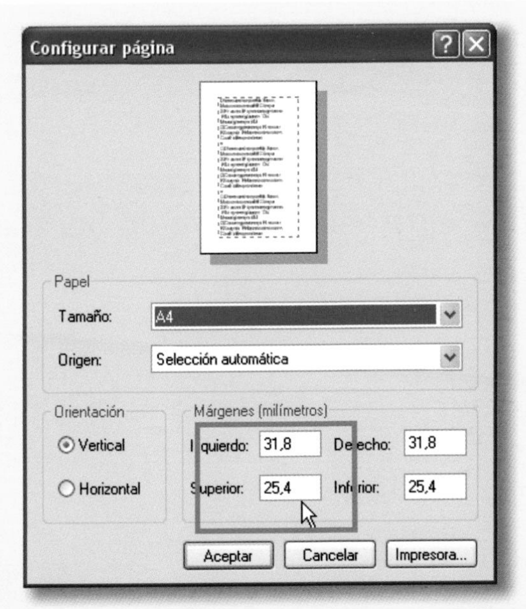

Figura 6.8. El cuadro de diálogo Configurar página de WordPad.

EL DIBUJO CON PAINT

Paint es un programa muy fácil de manejar que permite dibujar y pintar con el ordenador. Se encuentra en el menú Inicio>Todos los programas>Accesorios>Paint.

PRÁCTICA:

Pruebe a hacer un dibujo sencillo con Paint:

- Para trazar una línea, haga clic con la herramienta **Lápiz**, que aparece seleccionada al iniciarse Paint, arrastre el ratón y suéltelo donde quiera terminar la línea.
- Para trazar una línea recta, mantenga pulsada la tecla **Mayús** mientras traza.

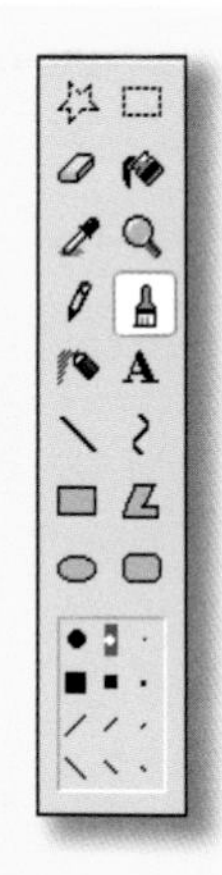

- Para trazar líneas en color, haga clic con el Lápiz en un color de la paleta que aparece en la parte inferior de la ventana y, después, trace el dibujo.
- Para pintar, haga clic en la herramienta **Pincel** y después elija el grosor en una de las formas que aparecen bajo las herramientas. Seleccione un color, haga clic y arrastre sobre el lienzo.
- Para borrar, haga clic en la herramienta **Borrador** y después arrástrela sobre lo que desee borrar. También puede emplear el comando Edición>Deshacer.

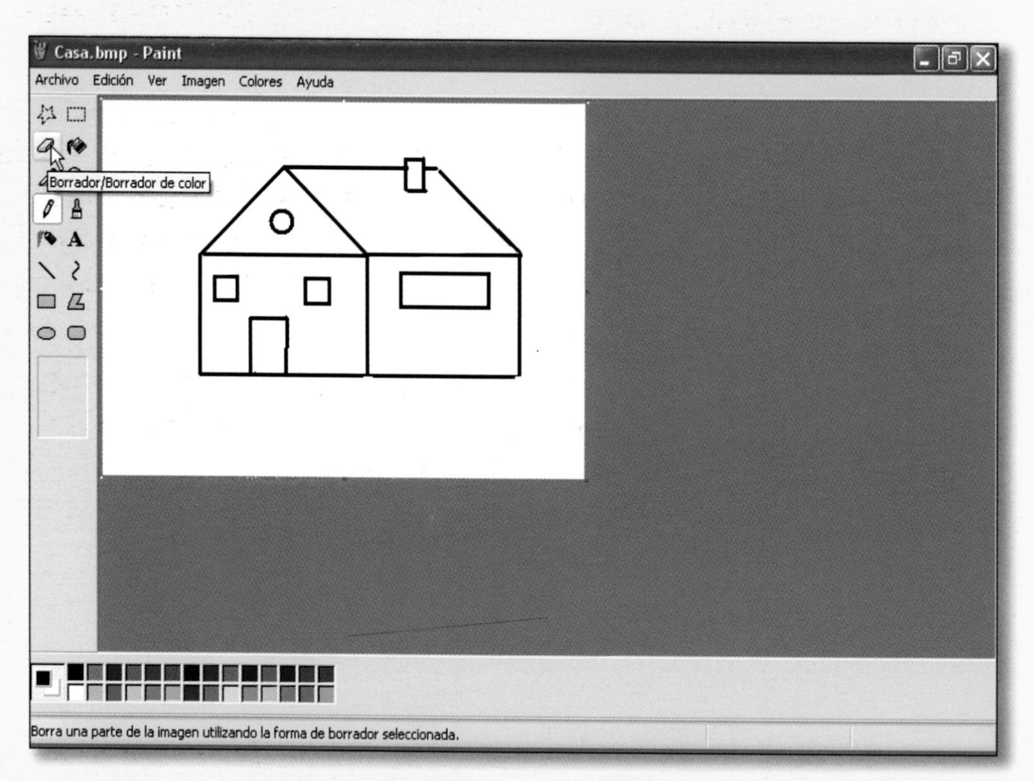

Figura 6.9. La herramienta Borrador borra puntos o líneas trazadas.

- Pruebe a utilizar la herramienta Línea. Haga clic en ella, haga clic después en un grosor de línea en la zona inferior y finalmente haga clic en un color de la paleta.

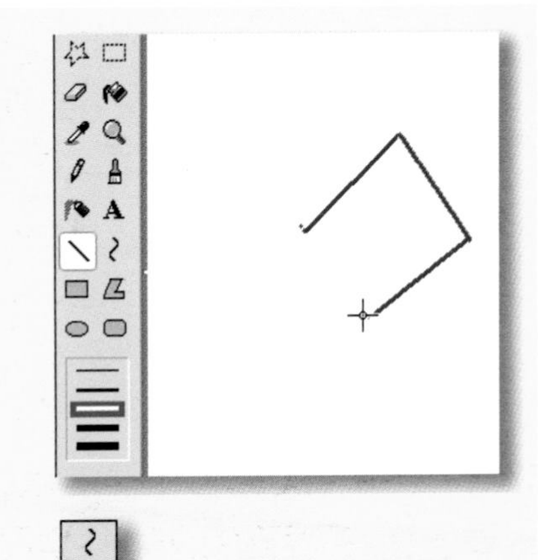

- Haga clic para empezar la línea, arrastre el ratón y haga clic para terminar la línea o doblar. Cada vez que haga clic podrá desviar la línea a otro punto, siempre arrastrando para trazarla.
- Para trazar una curva, haga clic en la herramienta **Curva**, seleccione el grosor y el color. A continuación, trace una recta.
- Haga clic en el punto en que quiera curvar la línea y arrastre el ratón para curvarla. Sólo podrá curvar dos veces cada línea dibujada.
- Si quiere trazar una forma geométrica, seleccione la heramienta y arrástrela. Para trazar una circunferencia, hay que mantener pulsada la tecla **Mayús** mientras se arrastra la elipse y para trazar un cuadrado, hay que mantener pulsada la tecla **Mayús** mientras se arrastra el rectángulo.
- Ahora puede proceder a colorear las áreas entre los dibujos. Haga clic en el color que desee y después en la herramienta **Relleno con color**.

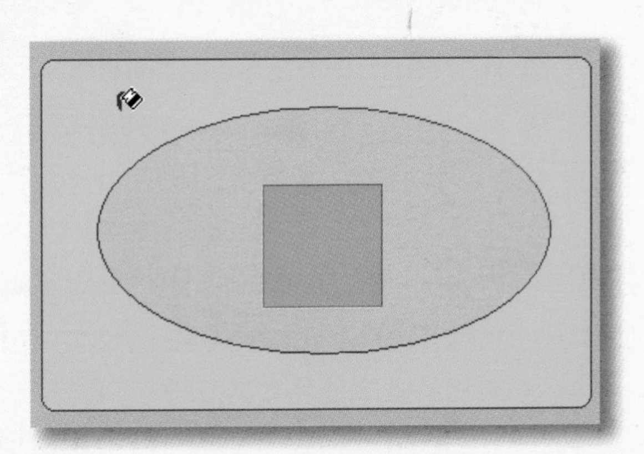

Figura 6.10. Para rellenar de color hay que emplear la herramienta Relleno con color.

- Para guardar un dibujo, haga clic en Archivo>Guardar como, seleccione una carpeta y de un nombre al dibujo. El cuadro de diálogo es similar al de WordPad.

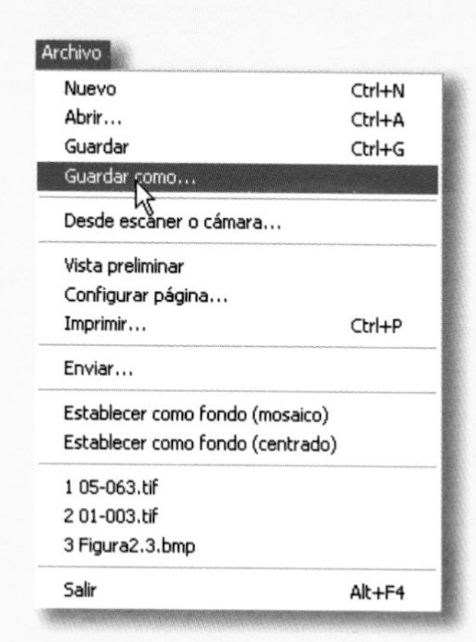

Figura 6.11. El menú Archivo>Guardar como es similar al de WordPad.

Seleccionar y mover

PRÁCTICA:

Trate de dibujar la figura 6.10.

1. Haga clic en la herramienta **Selección**.
2. Haga clic en la esquina superior izquierda del cuadrado interior y arrastre hasta la esquina inferior derecha, para trazar un cuadro que abarque el cuadrado interior. La zona que abarque el cuadro quedará seleccionada.
3. Si la selección no queda ajustada, haga clic fuera de ella para quitarla y vuelva a seleccionar el cuadrado interior.
4. Coloque el ratón dentro de la zona seleccionada, sin hacer clic. Observe que se convierte en una flecha de cuatro puntas.

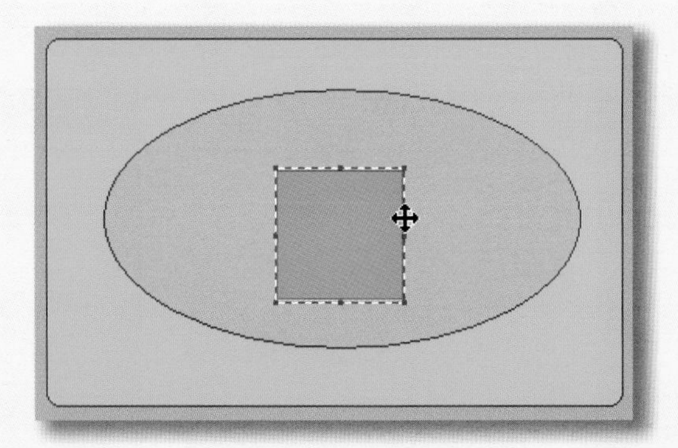

Figura 6.12. La zona central está seleccionada.

5. Ahora puede copiar la selección, pegarla en otro lugar o arrastrarla a otro sitio. Si no desea modificar el dibujo, haga clic en Edición>Deshacer hasta volver al punto de partida.

Guardar e imprimir el dibujo

PRÁCTICA:

Guarde el dibujo y encienda la impresora. Si es de color, imprimirá el dibujo en color. De lo contrario, se imprimirá en blanco y negro.

1. Haga clic en Archivo>Guardar como.
2. En el cuadro de diálogo Guardar como, escriba el nombre del archivo en la casilla Nombre, por ejemplo, Dibujo de prueba. Haga clic en el botón **Guardar**.
3. Haga clic en Archivo>Vista preliminar. Si el dibujo es correcto, haga clic en **Imprimir**. De lo contrario, haga clic en **Cerrar**
4. Si los márgenes son incorrectos, haga clic en el menú Archivo>Configurar página.

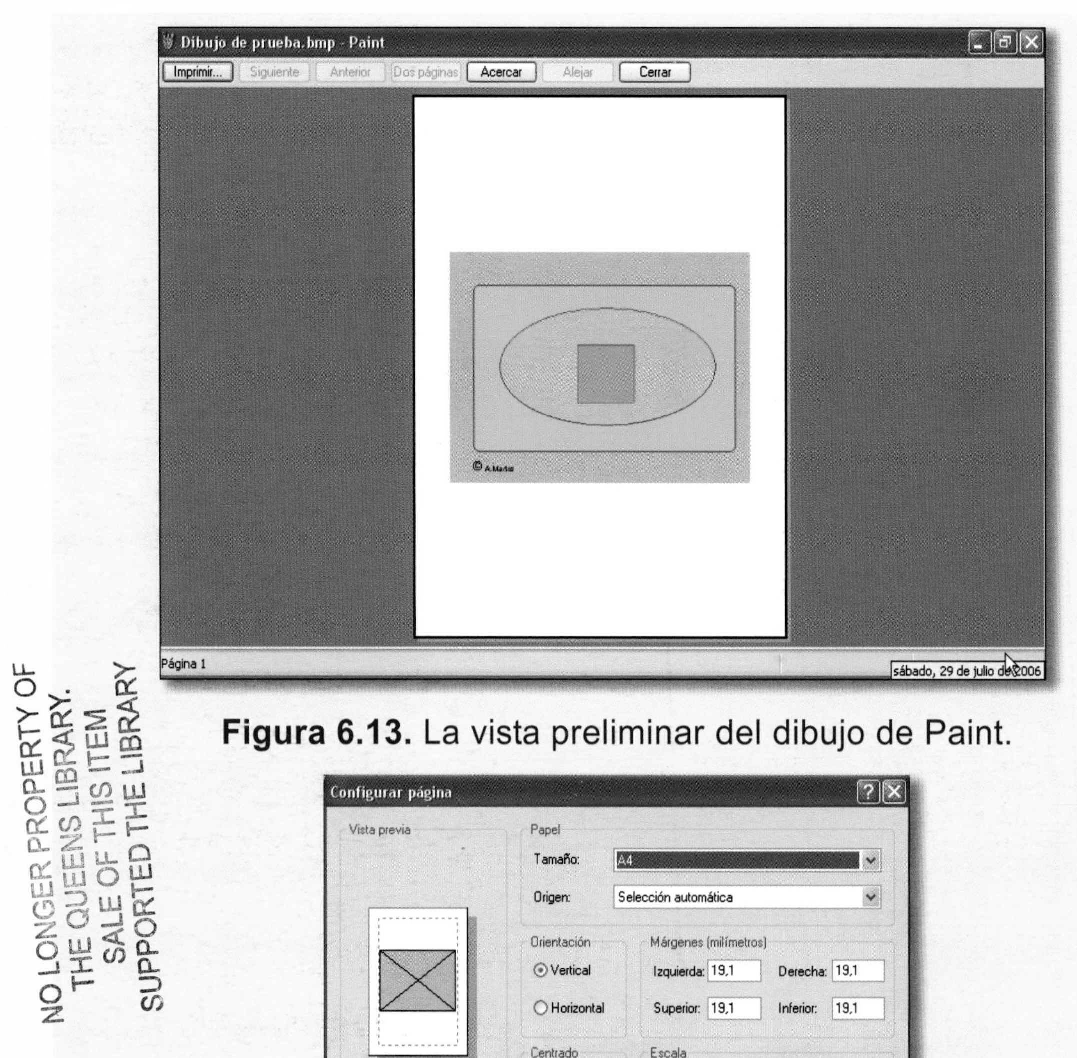

Figura 6.13. La vista preliminar del dibujo de Paint.

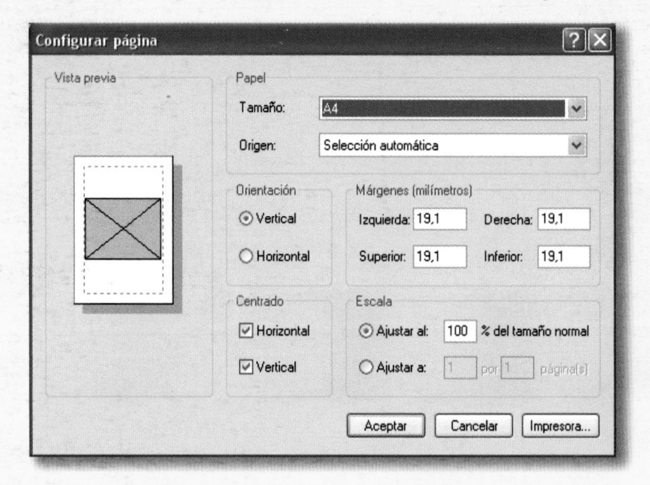

Figura 6.14. El cuadro de diálogo Configurar página de Paint.

5. En el cuadro de diálogo Configurar página, corrija los márgenes o seleccione el tamaño adecuado del papel. Haga clic en **Aceptar**.
6. Haga clic en Archivo>Imprimir. El cuadro de diálogo Imprimir de Paint es similar al de WordPad.